进化

30个案例详解组织变革

[美]库尔特·克劳斯（Kurt Krauss）著
章天璇 译

CORPORATE GOAD
Case Studies in Transformational Change

北京时代华文书局

CORPORATE GOAD
Case Studies in Transformational Change

献 辞

本书献给我曾经在博思艾伦咨询公司（Booz Allen Hamilton）的运营实践搭档：卡尔·布朗克维斯特（Carl Blonkvist），约翰·德弗罗（John Devereaux），史蒂夫·格里菲思（Steve Griffiths），埃德·古拉斯（Ed Gulas），约翰·霍利亨（John Houlihan），弗兰克·琼斯（Frank Jones），汤姆·琼斯（Tom Jones），罗伊·金（Roy King），丹·刘易斯（Dan Lewis），鲍勃·迈耶（Bob Mayer），霍斯特·梅茨（Horst Metz），兰迪·迈尔（Randy Myer），加里·尼尔森（Gary Neilson），基思·奥利弗（Keith Oliver），约翰·皮普格拉斯（John Piepgras），比尔·里德（Bill Reed），丹·赖利（Dan Riley），加里·肖斯（Gary Shows）和亚历克·韦特（Alec Weight）。

我很高兴，也很荣幸，能与这些志趣相投的人共事。无论是从个人角度还是从团队协作的角度而言，他们都是我所认识的最聪明、最有才且成就斐然的专业人员。

目 录

引　言……1

第一章　变革推动者手册

第一节　组建追随者队伍……22

第二节　身先士卒……33

第三节　吸引注意力……47

第四节　定义问题……58

第五节　挑战传统思维……71

第六节　为自己的价值而活……85

第二章　变革推动者的工具箱

第一节　挑战价值主张……103

第二节　制定组建原则……115

第三节　简化流程……128

第四节　提高利用率……139

第五节　减少复杂性……151

第六节　挑战和优化定价……166

第三章 变革推动者的命运

第一节 主要诊断分析……186

第二节 核心问题……211

第三节 变革解决方案……219

第四节 执行……237

第五节 结果……239

第六节 后续跟进……245

结　语……254

致　谢……259

引 言

变革不是必需的，没人强迫你必须活下去。

——爱德华兹·戴明（Edwards Deming）

一天晚上,我和我的搭档斯蒂芬·鲍姆(Stephen Baum),连同我们各自的妻子,在纽约参加一场隆重、正式的慈善活动。与我们同桌用餐的还有其他6个人,众人谈笑风生。其间,一位看起来非常优雅的女士问斯蒂芬:"您是做什么工作的?"

"这么说吧,"斯蒂芬答道,"我是讲故事的。"

"什么?"

"讲故事的。"

"讲给谁听?"

"一般是一些大企业的首席执行官。"

"那讲的是什么样的故事呢?"

"噢,关于企业的兴衰及其原因,还有首席执行官应该如何复制成功,又如何避免重蹈覆辙的故事。"

"讲这些故事能给你带来报酬吗?"

"当然,"斯蒂芬回答,"而且报酬不菲。"

而后,这位女士又将注意力转移到了我身上。"那您呢?"她问,"您是

做什么工作的?"

"我是一名'企业鞭策人'。"我答道,"我也与那些大企业的首席执行官打交道,但不是给他们讲故事,而是嘲弄和激怒他们。"

"你这么做又是为了什么呢?"

"为了让他们去做那些即便知道应该做,却还是不想做的事。"

"我想他们也会给你报酬的。"她说道。

我点点头说:"报酬不菲。"

那是个很有意思的夜晚。虽然我不知道那位女士最后是怎么看待我们俩的,但这件事却给我们留下了深刻的印象,也间接启发了我对这本书的创作。

变革推动者的身份贯穿了我的整个职业生涯。1971年,我从美国俄亥俄州哥伦布市的一家核工业公司生产控制部门的普通职员起步。当时功能强大的计算机开始广泛应用,在其影响下,生产与库存管理领域都经历了巨大变革。我们公司正走在这场职能大转变的前列,而我则恰好有机会身处变革中心。

1974年,俄亥俄州贝尔方丹市的DAB工业中心聘请我出任其生产控制部门的经理一职。这是一家汽车发动机轴承的制造商,他们希望我能够提升职员的工作能力,丰富其专业知识,并提高公司整体的生产管理绩效。入职后,我采取了一些新的措施,以便更好地计划、安排与控制生产。之后的3年多时间,公司进行了无数次改革,大大减少了存货量、劳动成本、研制时间与交付时间。

引言

大约就在这个时候,我开始隐约察觉到这有可能是我未来的职业方向,因为我不喜欢方向既定、缺乏变数的事情。在确定了自己想进一步发展这份事业之后,我决定攻读MBA(工商管理硕士)学位。1977年,匹兹堡的卡内基梅隆大学在美国的商业学校中排名第三,仅次于哈佛大学与斯坦福大学。我很幸运地被卡内基梅隆大学录取了,而且得益于以往的工作经验,我被允许可以少修1个学期的学分。也就是说,我只需要完成3个学期的课业便可毕业。

入学前的那个夏天,我接到了一个来自博思艾伦咨询公司(下文简称为"博思艾伦")的电话。他们想与我约谈加入克利夫兰市办事处的运行实践小组一事。我答应了与他们见面。

在通过至少8个人的面试之后,我见到了杰克·麦格拉思(Jack McGrath),他是克利夫兰市办事处的管理员。我们交谈了将近45分钟,而后他为我推荐了一个职务。根据我自己对管理咨询工作的理解,我认为这正是我想做的事情。但与此同时,我又觉得自己应该先拿到MBA学位证书。

"杰克。"我说道,"我很荣幸有机会进入贵公司工作,但恐怕我要拒绝这份邀请。你看,9月份我就要开始MBA的学习了。"

听了我的话,杰克突然变得兴奋起来,原来博思艾伦里有95%的优秀职员都获得过MBA学位。"在哪所学校读?"他问。

"卡内基梅隆大学。"我答道。

"真是难以置信!"杰克说,"我就是从那所学校毕业的。"

而后,杰克决定把我的入职时间延至1978年5月,那时我应该已经完

成了第一学年的课业。再等到9月份学校开学时,我向公司请了4个月的假,回学校完成硕士阶段的学习,于1979年1月重返公司。

于是在1978年5月,我以工作伙伴的身份加入了博思艾伦,并在之后的4年里晋升为高级助理与负责人,又在1984年10月被选为商业合伙人。1985年,我领导的服务运营实践项目进入起步阶段,而后在1987—1991年,我担任了公司的董事会成员。

到了1992年,我觉得是时候离开博思艾伦了。辞职的时候,我对接下来该做什么毫无头绪,只是知道自己不能再待下去了。最后我决定与两位搭档,即斯蒂芬·鲍姆与约翰·史密斯(John Smith),合伙创办一家名为"米德点小组"的咨询公司,致力于为服务行业提供运营、决策、战略制定等方面的服务。

在之后的5年里,我的工作就更有意思了。我面临着更多专业上的挑战,但同时也赚到了自从事这一行业以来的最高薪。我们有幸与一些极好的客户建立合作关系,有些是从博思艾伦公司跟随我们而来的(比如,美国电话电报公司和万豪国际酒店集团),还有些是新面孔(比如,美国国际商用机器公司和扬·罗必凯广告公司)。

20世纪90年代中期,博雅公共关系公司(下文简称为"博雅公关")是全球领先的公共关系与营销传播公司,也是广告业巨头扬·罗必凯公司下属的最大子公司。扬·罗必凯公司在1993年成为我的客户,1995年之前,我半数的时间都投入进了与博雅公关的合作中。我与时任执行总裁的拉里·斯诺登(Larry Snoddon)共事,一起提高决策绩效,扩展利润空间。后来，我又与下一任执行总裁汤姆·贝尔（Tom Bell）重新定义了公司的核心价值观，并采用与之相符的决策方式。

汤姆在1997年开始了与我们的合作。他的目标是借助战略管理咨询将营销传播与公共关系结合在一起，并相信最终两者会相得益彰。经过与搭档们的数次探讨，以及与汤姆的严肃谈判，我们最终达成了一致。与博雅公关的合作即刻开始，我的职业生涯也进入了新阶段。

然而协议达成还没多久，灾难就降临了：亚洲地区发现了博雅公共关系公司的金融诈骗行为，而在那之前扬·罗必凯广告公司正计划要上市。在诈骗行为被发现的几天后，我与汤姆·贝尔及扬·罗必凯广告公司的执行总裁彼得·格奥尔格斯库（Peter Georgescu）见了一面。他们告诉我，希望我能接任博雅公关的首席财务官。经过反复讨论之后，我答应接任这一职位。

接下来的3年就是一场大风暴。我组织了一支强干的金融团队，解决了围绕诈骗产生的一系列问题，并加强控制防止此类事件再次发生。我们在全球范围内启用了新型财务与操作系统，精简流程，并与管理层合作，提高客户人员的利用率，从而在仅仅两年多的时间里，将公司在美国的息税折旧摊销前利润率（即EBITDA，是指扣除利息、所得税、折旧、摊销之前的利润）从12%提升到了28%。

这件事真是干得漂亮。虽然管理咨询是我的专长，但在博雅公关担任首席财务官的3年却是我事业的最高峰。1998年，扬·罗必凯广告公司在我们的帮助下成功上市，2000年，我们以47亿美元的价格将代理机构卖给了WPP集团。在征求了家人的意见后，我决定退休。2000年10月3日，我递交了辞呈，那是在我们与WPP集团完成交易的第二天，这之后再过6天就是我51岁生日了。

在我退休后的前几年，我继续做着一些与咨询相关的兼职工作，与一些老客户和老同事合作，其中一些项目会在后面的章节里提到。

事实上，作为一个变革推动者，我最主要的工作就是说服职员与公司管理者去做他们实际并不想做的事，不管是因为这些事太疯狂、太冒险、太难，还是在政策上不得人心。我需要哄骗或吓唬他们，甚至逼迫他们做出改变。我需要让他们"相信"变革非常有意思，这就是我的事业，一位"企业鞭策人"的工作。

引言

奠定基础

　　商业世界变幻莫测。你只需要随便翻翻新闻，就会看到诸如此类的标题：《非营利性医院面临大幅裁减》《沃尔玛又进行一项测试》《捷蓝航空公司减少飞往古巴的航班》。或者看看本地市场：店铺关了又开，开了又关，总是挂着"正在招租"的标牌。是的，变化无处不在。你想知道为什么吗？很简单，因为公司组织要么越来越好，要么失去优势。

　　我曾帮助过各种各样的公司进行结构转变，包括工厂、仓库、零售商店、餐厅、连锁酒店、银行、医院和游轮公司等，在本书里将有详尽介绍。我试图将这些案例放到更广阔的背景中，并对所学到的各类知识进行概括。

　　本书不是一本学术论著，它的参考文献资料很少。实际上，本书介绍了我在职业生涯中领导或参与过的各种案例。受我的经验所限，这些处理方式未必全适合你，但至少值得借鉴。我见过，也做过许多事，但不可能涉猎所有。我的事业植根于制造业与服务业的运营策略，因此书中所提及的许多成功转变的例子包括运营管理的方方面面，但销售、营销和财务方面的内容就相对少一些。

　　本书的内容主要由三个部分组成。"变革推动者手册"提出了成功领

导公司转变的必要条件：从拉拢追随者与吸引其注意力，到明确问题并提出解决措施。

"变革推动者的工具箱"指出了提高商业绩效的几种方法：延展价值定位；调整决策方式；简化作业流程；提高利用率；降低复杂性；优化定价策略。

"变革推动者的命运"着重介绍了以患者为中心的医院的一项关于变革转型的案例研究，它是我在20世纪80年代后期领导的一项重大创举。这项工作时间跨度为6年，美国有6家大型医院参与其中。在这项具有重大影响力的项目结束之后，人们对如何组织与实施病患护理一事进行了深刻反思。而在今天的大多数大医院中，我们都可以看到这种反思的证明。毫无疑问，这是我在职业生涯中参与过的最重要，同时也是最成功的运营转变案例。

我希望这三个部分的叙述方式能激活当代变革推动者的思维。第一和第二部分介绍了构成变革代理机构的各要素与方法，第三部分则将所有要素放进一个改变了游戏规则的转型案例研究中，并对它们进行介绍。

最后，我对我在变革代理机构所获得的经验，与本书中这些例子在当今商界的实用性之间的关联做出了评价。确实，这里研究的大多数案例都发生在二三十年前。但从那以后，我的经历证明了这句古老箴言是正确的："事情越容易变，就越恒定不变。"我调查今日商界时所看到的与我30年前所遇到的是同样的机遇与问题。我相信这些案例研究在今天同样适用，正如它们一开始曾被成功应用于工作中。它们表明了变革推动者影响变革的方式、地点与原因。接着往下读，看看你是否同意我的观点。

引言

关于数字

变革是由数字驱动的。任何成功的变革创举，要么始于明确需要解决的问题，要么始于描述需要管理的条件，还有些副词和形容词。数字是至关重要的。有些高管可能会说："我们的成本太高了。"相对于什么来说太高？"太高"是指高多少呢？是5%、15%，还是25%？其中任何一个答案都是有可能的，但与之相对应的补救措施却很有可能截然不同。

成功的变革推动者必须有一个一应俱全的工具箱，好在分析的时候用来量化和定义要点、找出和解决问题。"智者从不在事实上与人争论"，我的搭档汤姆·琼斯曾经这样说过。但态度一致的前提需要精确度，只有数字才能提供这种精确度。我们想要计划可行，就要客观定义情况，而不是主观定义。

下面章节中的所有事例都基于一个可供分析的框架，以及大量的数据。在我举例用到的数据中，有一些在我们进行工作时给我留下了深刻的印象，还有一些我也和曾经的同事们一起讨论或研究过。如果要一一参照历史材料进行考据，将会十分烦琐且不便于阅读。因此我只能依据自身判断，尽可能地再现这些数字。其中一些比较精确，另一些则经过简化或夸大，以便于说明问题。但它们都具有代表性，而且指向正确。

关于词汇

这是一位商务人士写给同行的一本书。就其本身而言,你可能对很多用语都非常熟悉。但即便如此,我也确信有些人不明白其中的大多数词语,这些词语是作为一个变革推动者专用的,也可能是我个人专用的,评价见仁见智。这份简易词汇表会在接下来的阅读中对你有所帮助。

计费比例(Billability):专业服务人员的工作时间与工作期间向顾客收费的百分比。

鞭策人(Goad):刺激或敦促别人的人;一根用于赶牛的棍子,其中一端带电且尖锐。

库存周转率(Inventory Turns):在一段时间内(通常是一年),库存物售卖或者使用的次数。库存周转率=净销售额÷平均库存。

横向思维(Lateral Thinking):用间接且创新的方式去解决问题,首先要用一个新颖且非同寻常的角度去看待问题。

交付周期(Lead Time):在一个或一系列买卖过程中,订货与交货的时间周期。

资本化(Monetize):使其成为像货币一样的东西。

价格弹性（Price Elasticity）：一种用于表示价格的改变对人们在商品或服务需求方面的影响的经济测量方式。

过程（Process）：最终指向某一结果的一系列有系统结构的行为。

SKU：指库存进出量的基本单元，是一种独一无二的产品识别码，可帮助跟踪库存中的产品。

利用率（Utilization）：有效时间的比例，可理解为员工有效使用一台设备或一个系统的时间的百分比。

增值（Value-Added）：公司的营业总收入与向其他公司购买产品的总成本之间的差值。

价值主张（Value Proposition）：一个公司存在的理由，或者说是公司提供的产品与服务以及所服务的顾客群体和如何为顾客创造切实的价值。

对于大多数在本书中用到的专业名词（包括上述词语），我会在后面的章节中详述。之所以在这里解释上述词语，是因为在我进行更详尽的解释之前，你可能就会碰到这些词语。

进化：
30个案例详解
组织变革

变革推动者的挽歌

最开始是计划，

而后是设想。

计划缺乏实质，

设想缺乏理智。

阴霾笼罩着员工们的面庞，

他们对彼此说：

"这就是个惹人厌的烂摊子。"

于是员工们跑去对主管说：

"这就是个烂摊子，没人忍得了它的恶臭。"

主管跑去对经理说：

"这就是个烂摊子，没人忍得了。"

经理又跑去对董事们说：

"这就是个烂摊子，没人能收拾。"

董事们便对彼此说：

"这里边有病毒生长,而且威力十足。"

后来董事们跑去对副董事长说:

"这个能促进成长,而且威力十足。"

副董事长跑去对董事长说:

"这个新计划能促进公司成长,激发公司活力。"

董事长看着计划,觉得很不错。

计划就这样成了决策,

烂事就这么发生了。

第一章

变革推动者手册

> 能生存下来的物种并非最强壮,也非最聪明,而是最积极做出改变的那些。
>
> ——利昂·麦金森(Leon Megginson)

本杰明·迪斯雷利（Benjamin Disraeli）曾说过："改变是必然的，且改变是持续的。"这句话无论是从个人层面还是从社会层面来说都是正确的，特别是在我们的工作过程中显得尤为正确。公司和组织一直都在进行改变，当然，让其发生改变的是其内部成员。领导者和普通员工改变了大大小小、各种各样的东西，但很多人到了真正要做出改变的关头，又会觉得难以接受。在商业中，人们喜欢事物本来的样子，他们并不想要改变或者处于改变之中。他们知道不得不做的事情有哪些，并因此对现状感到满意和舒适。这并不奇怪，我的同事费里德·巴克（Ferry de Bakker）就说过："这是日常工作中的温暖慰藉。"

劝导别人去接受改变是一件很困难的事情。说明现状并进行分析以求得改变，这似乎行得通，但这很少能让人们改变他们的行为方式。比如，我在《纽约时报》上看到的一段关于2017年法国总统大选的文字就可以证明这一点。"法国人面临的矛盾在于，他们既迫切希望变革，又不想被改变；既想享受能提供就业机会的竞争经济带来的好处，又害怕放弃能保护就业的非竞争经济。总统埃马纽埃尔·马克龙（Emmanuel Macron）不得

不绞尽脑汁去解释，二者只可取其一，而不能兼得。"①

新环境"要么形成个人成长，要么营造个人恐慌，哪个占据主导地位，完全取决于我们怎么看待变革。变革可以看作是一件激动人心的，或者是令人恐惧的事。但无论我们怎么看待它，我们必须面对的事实是：变革是生活的本质。"②

推动变革的人认为，变革激励人心。他们在领导变革的过程中成长，他们发现问题，想出多种解决方案，规劝他人接受，并领导变革的实现。他们满足于看到事物前进发展，喜欢在不确定的情况下解决模棱两可的事情，在以明确目的为导向的情况下，提出一种新方法。所以，推动变革者的主要任务是让惧怕变革的人接受改变。这通常涉及一个情绪性问题：处理好痛苦、恐惧、挫败以及不安全感。为了使每个人都信服地接受与支持变革，变革推动者必须留心这四种情绪。古罗马著名政治家马库斯·图留斯·西塞罗（Marcus Tullius Cicero）曾说过："如果你想说服我，你必须想我所想，感我所感，言我所言。"

这一章所要提到的6个规则，都是由我所知道的成功的变革推动案例所呈现。它们都是我个人的真实经历，也是我对于领导者、员工和公司本身多年的观察。有些人会发现某些规则是显然易见的，但令人惊奇的是，我常看到人们在违背这些规则。

---

① 布雷特·斯蒂芬斯（Bret Stephens）：《法国失败的地方》（*What Has Failed in France*），《纽约时报》，2017年5月5日，www.nytimes.com/2017/05/05/opinion/what-has-failed-in-france.html.
② 迈克·A.辛格（Michael A. Singer）：《自由的灵魂》（*The Untethered Soul*），加利福尼亚州，奥克兰市：新先兆出版社，2007年，第71页。

每个规则都有两到三个具体的案例分析，而这些案例来自我多年领导变革的经验。它们会提供一些实质性的训练要点，有助于运用者更好地进行实践。

这些案例适用于很多组织，不管是从事大型制造与服务的公司，还是处于起步阶段的小型合资企业、非营利性组织以及团体或者公民协会，它都具有可操作性。

同样，这些案例也适用于各种各样的变革推动者：外部人员，如管理顾问和行政教练；内部人员，如经理、项目负责人、互联网技术专业人员、财务工作人员；以及所有想参与领导变革创新的人。

大多数案例都反映了两个重要的模式。第一，维持变革需要清晰地定义问题，得出创造性的方案，并把有效的沟通策略落实到位。第二，你不可能在一个缺乏有效领导的重大变革创新中获得成功。作为一个有效率的领导者，你必须抓住人们的关注点，并且在有利益冲突时想到一个平衡双方的好办法。变革是具有挑战性的，但若没有领导能力，积极的变革是不可能的。

第一节 组建追随者队伍

> 最伟大的人不一定要做最伟大的事,而是领导别人去做最伟大的事。
>
> ——罗纳德·威尔逊·里根(Ronald Wilson Reagan)

有效的变革推动者从不单独行动。他们永远参与团队活动,不管是外部的咨询团队,还是内部的项目团队或者特设的工作团队,他们始终融入一个团队中。因为一个人永远不可能具备所有的知识经验,或在与外部隔离的状态下去确定一个主要问题和计划方案的影响力。这就要求他们需要队员(即追随者)的协助。

那些成功的变革推动者往往具备一些共同的特征,能够证明自己拥有实现目标的能力:

(1)他们聪明睿智,是才思敏捷的思想家,可以将自己积累的经验运用到新的环境中去。他们逻辑缜密,能够清晰而明确地表达自己的想法和观点,且他们是理性的好奇者。

（2）他们思维敏捷，善于利用类比法去激励创造性想法的生成。在处理陌生问题或者新项目的时候，类比法往往是开拓局面的最简单的方式。

（3）他们善于分析，能够利用数字去定义问题和设计解决方案。他们认为单纯通过形容词与副词来表达，或渲染狂热情绪的行为，是缺少精确性的。而对于有效定义及处理问题来说，这种精确性是必需的。

（4）他们自信从容，并不害怕挑战权威或惯例。他们也许是内向的，言语温和，但他们绝不会温顺驯服，而是会勇敢地说出自己的想法，绝不会因为与他人意见不合而动摇。

（5）他们正直诚实，即使任务非常艰巨，随时有可能遭受损失，也会向强权说出真相。他们的情绪不需要隐藏，总是光明磊落，追随着真相与事实大步向前。

成立一支强大的追随者团队有两个关键点：
（1）不断地引进有上述性格特征的人才；
（2）鼓励他们真正了解和挖掘自己的潜能，并以此来发展他们。

简历之外

招聘是建立一支有效的变革推动者团队的起点，在招聘中最重要的一个步骤就是面试。不幸的是，我的经验表明，大多数面试的基础是应试者的简历。一个典型的面试过程大概是这样的：

面试官："我看到你在顶点公司担任了3年的仓库经理。"

应试者:"是的。"

面试官:"介绍一下你的管理经历。"

应试者:"我手下有2个管理人员和20个小时工,我们一起管理着那家仓库,处理所有流入的存货和运送所有流出的货物。"

面试官:"听起来很有挑战性。你是怎么在第一时间得到这份工作的?"

应试者:"我曾经做过两年的海运管理人员,当这家仓库经理被开除的时候,他们给了我这份工作。"

面试官:"为什么他会被开除?"

应试者:"他被指控犯有性骚扰罪,而且他们找到了一些证明他有罪的邮件。"

面试官:"简直不可思议!那么,你担任仓库经理时最大的成就是什么?"

应试者:"我提升了15%的按时交货能力,同时也降低了8%的人工费。"

以上情况表明,除了简历上收集的信息外,面试官基本不会知道更多关于应试者的信息了,所以没必要总是老调重弹。然而,大多数面试官依然会在交谈过程中询问应试者的职业经历。实际上,这些问题并不能帮助面试官了解到应试者是否头脑聪明、善于分析、灵活运用类比法,或者性格正直,所以这样的面试在博思艾伦是一件不值得考虑的事。

毫不夸张地说,大型的企业管理咨询公司的成功是由这些企业管理顾问推动的。他们虽然不生产产品,也不提供真正的服务,至少不像一名建筑师或注册会计师的劳动那样有直接意义，但他们试着帮助他们的顾客解决问题或发现机遇。像我的一位同事所说的那样，大部分人都有思维僵化的问题。虽然我不能保证自己一定能成为一名好的企业管理顾问，但是这一职位的意义和重要性是不容置疑的。

回到我们开头所讲的内容，招聘是一切的开始，因为这些人才基本都是通过招聘进入公司的。很多博思艾伦的合作伙伴和员工在招聘中起到了积极作用，我就是其中之一。我与我的母校卡内基梅隆大学的教学人员保持着紧密的联系，因此可以在每一届工商管理专业的学生中发现未来的佼佼者。每年，我都会在卡内基梅隆大学和其他商学院发表关于博思艾伦的演讲，进行校园招聘与办公室面试。

在博思艾伦，每位应试者所接受的面试类型有两种可能性，这是平均分配并且提前决定好的。第一种是分析型：应试者到底有多机敏，他们是怎么一步步解决问题的？他们能把难题分解成部分来解决吗？他们有试着用数字标记事情吗？他们具有逻辑思考的习惯吗？他们会用类比法吗？第二种是询问型：应试者过去的成功之处在哪里？他们渴求什么？他们口才好吗？他们展示出领导潜能了吗？他们面对问题容易不知所措吗？

有一位参加过博思艾伦校园招聘的应试者，在很多年后告诉我，那场招聘是他"人生中最艰难的两小时"。我不知道那些面试官问的问题是否真的十分刁钻，但他们确实是严厉且残酷的。

我在用第一种类型对应试者进行面试时，最常用的方法就是"一分钟谜题"法。我会给应试者一个情境，允许他们问我有助于挖掘出谜题真相的问题。这里有个小例子能告诉你们这个方法是怎样操作的。

我：一段很短的谈话，让一个男人付出了"a quarter"的代价（译者注："a quarter"在英语中可指一枚25分钱的硬币，亦可指某事物的四分之一部分），但他并没有使用付费电话。请对此做出解释。

应试者：他付钱借了别人的电话吗？

我：没有。

应试者：答案跟电话相关吗？

我：不相关。

应试者：那个男人花了25分钱买了一件东西？

我：没有。

应试者：嗯……你说对话很简短，那长过一分钟吗？

我：没有。

应试者：答案和对话有关吗？

我：是的。

应试者：那个男人开心吗？

我：不开心。

应试者：他有没有生气，或者沮丧？

我：有。

应试者：是因为谈话内容？

我：是的。

应试者：你说的"a quarter"是指25分钱的硬币吗？

我：不是。

应试者：那是指一个时间段？

我：是的。

应试者：那个男人是运动员吗？

我：是的。

应试者：这件事是不是还牵涉到裁判？

我：是的。

应试者：有人比赛出局吗？

我：是的。一位篮球运动员在第三场比赛结束时，因为骂了裁判而被淘汰出局。他付出的代价就是失去了第四场比赛的参赛资格。

这是一个十分简单的例子，但你已经看明白了，这类题目的重点不是看应试者能否得出正确答案。在这个例子里，如果应试者早就听说过这个故事，并且立刻给出正确答案，那我什么都看不出来。这些题目是为了让我走进应试者的头脑中，对他们进行初步判断。比如，他们是否聪明睿智，是否思维敏捷，是否擅长分析和表达，是否自信从容？当然，你要先确定，他们反馈给你的是不是他们自己最真实的想法，又或者只是他们以为你想听到的答案。

第二种询问型则与第一种的面试话题完全不同。我们会谈论应试者曾经担任过的领导类角色，通常是非工作性质的课外活动，比如运动队队长，或者学生团体中的职务。在这些职位上，他们的领导地位是依靠同伴的信任与尊重才得到的，但这些任职经历通常不会出现在他们的简历中。

我也会随机抛出一些问题，借此探究应试者的求知欲，并了解他们是如何在求知欲的帮助下解决问题的。当然，我也会对自己提问，最常用的就是那道"匹兹堡机场测试题"：如果遇到暴风雪，我是否愿意和面前的这个应试者一起在机场滞留8个小时，还是说我宁肯选择冒着死亡的风险离开机场？（译者注："匹兹堡机场测试题"，即面试官自问是否愿意与应试者共同长时间滞留在机场，意在预估应试者是否能够自然地融入面试者的团队文化中。）

最后，我经常会向应试者提些不同寻常的问题，看看他们是否聪明睿智且思维敏捷。下面是我以前常提的两个问题，以及应试者给出的回答：

我：How do I tie my shoes？（译者注：在英语中，"tie"有"系；打结"之意，也有"在比赛中打成平局"的意思。）

1号应试者：你拿起鞋带，先交叉，再打结。（抱歉查理，不能聘用你。）

2号应试者：很简单。只要你的得分跟你对手的得分一样多，你俩就打成平局了。（他得到了这份职务。）

我：你以前进过监狱吗？

1号应试者：绝对没有。这个问题太冒犯人了。（他没有得到聘用。）

2号应试者：因为醉酒和扰乱治安在监狱待过一晚，算吗？（他得到了应聘的职位，又在6年后当选为合伙人。）

作为面试官，你的工作是弄清楚应试者在智力与情感方面的建构方式。你需要区分竞争者与伪装者，但仅仅依靠讨论简历上的亮点，几乎不可能把两者区分开来。

区分员工

如果你聘用了有才能的人，就要立刻去发展他们。我相信，很多人都听过"A级员工"（A-player）这个词，它形容的是作为职员、同事、队友的最佳典范。他们的工作表现，或者是比赛表现，通常都十分优异。他们是非常积极主动的人，愿意为工作付出加倍的努力。同样一件事不需要告知他们两次，在思想上，他们是天生的领导者。

但也有一些"B级员工"（B-players）。他们在某些方面达不到理想标准，有的人思维不够敏捷，有的人会错过任务截止期，还有的人逻辑不是那么有条理。虽然他们也是贡献者，通过表现为团队增值，但无法进入"A级员工"的队列里。然后是"C级员工"（C-player）。他们总是达不到统一的标准与他人的期望值，很少能做出有意义的贡献。他们其实并没有真正投入进工作中，而是沉浸在自己的日程计划里。他们的性格不适合团队协作，通常不能在限定时间内完成任务。聘用他们显然就是个错误，面试他们的人很可能只是根据修饰过的简历做出的判断。

那么如何解决呢？我曾与许多杰出的管理者和领导者一起工作，但他们只有与"A级员工"共事时才会如此。他们似乎无法容忍不在他们标准内的员工，甚至会加以申斥和排挤。这些人中有一位曾在一家"财富百强企业"长期担任首席运营官一职，而且名列首席执行官退休后的接任者待选名单。然而，当那一天来临时，董事会拒绝他出任首席执行官，因为他总是对员工评头论足，对组织有破坏性，因此没人相信他能组建起一支好

的队伍。

正常的员工分布比例应该是15%的"A级员工"、70%的"B级员工"和15%的"C级员工"。这是我多年工作得出来的经验，也是职场公认的一条规律，不相信的话，你可以去验证一下。这样的员工分布比例意味着，如果我们想成功，就必须好好利用占比最多的"B级员工"。如果一个企业永远在追求更多的"A级员工"，那么我相信这个企业最终是不会成功的。

据沃尔玛的创始人山姆·沃尔顿（Sam Walton）称，他只是建立了一家让所有普通人都能像明星般表现出彩的公司。也就是说，他创建了一个由政策、流程、权威、授权和信息构成的系统，使85%的公司员工能够在高于期望值的水平上完成工作。沃尔玛集团的成功并非偶然事件。

根据我的经验，你需要用不同的方式分别管理A级、B级与C级员工。先说对于"A级员工"，你必须尽全力将他们留在公司，而且必须让他们接受挑战，并允许他们自主发展。当然也要给出一定的奖励，因为这些人总能在别的公司或企业获得更好的工作机会。

当我在博思艾伦公司担任全球业务负责人，并且在博雅公关公司担任首席财务官时，我把提高员工年薪当作奖励，而这其中的60%～70%都是奖励给"A级员工"的，其余给"B级员工"，"C级员工"什么也拿不到。对！什么也没有！你不能仅仅因为没有尽可能多地给他们加薪，而冒着失去一名"A级员工"的风险，去奖励一个相对而言没有做出一点贡献的人。

其次，你必须发展"B级员工"，一位优秀的管理者应该在这一目标上花费大部分的时间。你可以让他们在工作之余参加辅导，也可以给他们一些好的阅读资料；可以指导他们，又可以从中汲取灵感；可以一边让他们看着你校订他们写的信或报告，一边口头陈述改动的内容及原因。就个人而言，我已经这么做许多次了，而且效果显著。除了在"B级员工"身上投资并发展他们之外，你别无选择，因为根本就没有足够的"A级员工"供你差遣。

最后，我们来说说"C级员工"。"C级员工"有两种类型：错位的员工和无用工。错位的员工只是不适合当前的工作，你可以尽量为他们找到与其技能相匹配的职位，但不能无限期地寻找下去。而无用工就别无他法了，他们对自己没有做出贡献的事实一无所知，还常表现出傲慢或盲目自信，这使他们更加令人难以忍受。

你永远不可能让任何一个"C级员工"，在时间与效率成合理比例的情况下，创造出让人接受的绩效与贡献，而且他们的存在不会被人忽视。事实上，组织里的其他成员都能敏锐地意识到，这些人没能减轻自己的负担。他们就等着看你对此会如何反应。

不要试图去恢复"C级员工"的名誉，你可以直接建议他们另寻工作。如果他们的态度尚可，就允许他们在尝试寻找另一份工作的同时，继续工作30天。如果他们有很大可能变得对组织具有破坏性，就直接让他们离开。在博思艾伦公司，我们每年都会对全体员工进行强制排名，并劝离排名倒数15%的员工。

一名成功的企业鞭策人需要组建一个志趣相投的团队，并让团队在明确问题和解决困难的过程中茁壮成长。为应对这一挑战，本章提出了两个

关键点。首先，招聘是至关重要的。如果想发掘真正的人才，就需要突破停留于表面的讨论内容；其次，一旦你招募了有才能的队员，就必须发展他们。有些人只需要一些挑战和指导，另一些人则需要积极的实习培训，但发展是必不可少的。

你可以立刻开始行动。下次面试候选人时，记得提前审查他们的简历，然后放在一边并汇总一份书面指南，以帮助你完成面试。构建问题，摆出谜语，向传统的智慧发起挑战；任何进入应试者头脑的东西，都能帮助你判断他们是否聪明敏捷、善于分析、自信且诚实。

至于发展，就从您团队中的某个员工或同事开始吧。思考一下他们已经表现出来的优点与缺点，然后制订一个有创造性的计划，帮助他们满足发展需要，之后再与他们一起进行回顾。也许他们需要学点统计学课程，也许需要练习如何上台展示，也许需要撰写一份报告，然后你对这份报告进行详尽的分析。无论需要什么，请主动地发展你的团队。

寻找、吸引、发展、奖励和留住人才，是组建一个追随你的团队的关键，这是领导和激发任何组织内部或跨组织的转型变革的第一步。

第二节 身先士卒

> 如果你所做的事能激励他人有更多梦想、学更多知识、做更多事、成为更好的人，那你就是一个领导者。
>
> ——多莉·帕顿（Dolly Parton）

管理不同于领导。"管理是用来维持复杂的人员、技术系统顺利运行的一系列流程。管理中最重要的要素包括计划、预算、决策、控制、人员安排和解决问题。领导过程是指在最初阶段用以创建组织，或帮助其适应不断变化的环境的一系列流程。领导人决定未来该是什么样子，并使大家一致朝这个愿景努力，激励他们克服艰难险阻最终实现目标。"[①]一个成功的转型变革，通常由80%的领导者与仅占20%的管理人员共同完成。

"不幸的是，对如今的我们来说，重视管理已经是企业文化中约定俗成的事，这阻碍了员工去学习如何领导。更具讽刺意味的是，过去接受管理所带来的成功，后来常常是导致员工领导能力缺失的关键原因。正如我

---

① 约翰·P.科特（John P. Kotter）：《领导变化》（*Leading Change*），波士顿：哈佛商学院出版社，2012年，第28页。

在许多场合所观察到的,这种综合征就像:成功在某种程度上造成了市场的支配性地位,相对地,市场支配带来更大的经济效益增长。一段时间之后,如何控制不断扩大的组织成为主要挑战。于是我们的注意力转向企业内部的培养管理类人才上。强调管理但不强调提升领导力,这使官僚主义和我们对企业内部的关注占了上风。但随着市场占支配地位而促成的成功不断持续,存在的问题不再被重视,不健康的自负情绪开始滋生。所有这些表现出来的特征都使变革工作越发困难。"[1]

与此同时,"傲慢的管理者会高估他们当前的表现和竞争地位,不善于倾听他人意见,且怠于学习。而当专注于内部的员工,看到公司里存在的威胁势力与所面临的机遇时,他们不可避免地陷入困境。官僚文化可以扼杀想响应变革的人。而领导人才的缺乏,使这些组织内部没有可以助其摆脱困境的力量。"[2]

变革推动者要具备一整套强大的管理才能,包括计划、日程安排、问题解决和项目管理。但其核心思想在于他们不是管理者,而是领导者。他们拒绝维持现状,并积极设想新型运营方式。他们对竞争的威胁很警觉,依靠新机遇而成长,迅速领导和组织员工们对此做出回应。

领导既是一种行为,也是一种存在的状态。领导者的地位不是永久的。只有人们信任并愿意跟随你,你才能成为领导者。领导者并不一定是

---

[1] 约翰·P.科特(John P. Kotter):《领导变化》(Leading Change),波士顿:哈佛商学院出版社,2012年,第30页。

[2] 同上,第31页。

那些头衔最高或最有权威的人。他们是那些拥有追随者的人，几乎总是战斗在前线，就像在战场上骑着马身先士卒的军官那样。

团结队伍

在博思艾伦咨询公司，办公室的管理合伙人的职责之一就是定期举办员工大会。合伙人和员工们例行在全国，有时候在世界各地出差，我们面临的主要挑战是让每个人都及时掌握关于公司与彼此的最新信息。

在20世纪80年代末，我接任亚特兰大办事处管理合伙人，当时我认为每个月都举办员工大会太频繁了，因此按季度安排会议。我认为这些事情应该也有一个重要的社交层面的意义，所以我把会议场地选择在公司之外。星期五下午的四点开始，在喝一杯鸡尾酒的时间内讨论会议，有时则是一个自发形成的晚餐时间。

员工大会通常涉及公司内务的项目，例如雇用新员工、职位晋升、周年纪念和员工生日。有时，我还会聊一聊员工的表现和最近完成的新鲜有趣的客户项目。同时，我还会传达许多新政策和项目。

最后，我会给员工一段时间，让他们提出一些想讨论的议题、关注点或想法。在一次会议中，我们的接待员金妮（Ginny）提出了一个关于慈善捐赠的议题。

"公司有扶持一些慈善机构或外展服务项目吗？"她问道。

"有。"我说，"我不知道整个公司的数据，但去年我们公司位于亚特兰大的办事处，慈善捐款数为25 000美元。"

进化：
30个案例详解
组织变革

"谁决定资金的流向呢？"她继续问道。

"通常是合伙人决定扶持什么新方案。"我回答。

"为什么是合伙人来决定？"她问道，"慈善捐赠难道不应该反映整个办公室的意愿，而不仅仅是一些合伙人的观点吗？"

"好主意，"我回应道，"为什么不呢？克里斯（Chris）和科琳（Coleen）可以组建一个委员会，头脑风暴一下我们的慈善捐赠应该如何运作，然后反馈一些意见给我们所有人。"这里我要介绍一下，金妮是办公室接待员，科琳是一个秘书，克里斯是一个客户端服务人员中的高级助理。我知道他们三个人都享受同事的尊重。更重要的是，他们之中没有一个人是合伙人。

在接下来的一次员工大会中，金妮提出了他们的建议：首先，整个办公室将会推选出一个4人贡献委员会。任何人都有资格当选。然后，委员会将会对他们的同事进行民意测验，制定一个全面的捐赠策略并推荐一些我们最先扶持的受助人。最初的预算将会是每年3万美元。

员工们一致同意了金妮的提议。事实上，她获得了大家的欢呼致敬，以及一些我们应该把她调动到客户端岗位上的呼声。我找了些纸笔，召集了一个即时选举。

"在你们的同事里投票选出4个人，代表你们在新成立的贡献委员会中的权利。"我说道。然后每个人都投票了。在收集完选票后，我要求其中一个同事来统计选票。10分钟后，他回来宣布了4个当选者。他们是最初的3个人——金妮、科琳和克里斯，加上1个平面设计师——佩琪

（Peggy）。他们都不是合伙人。

随后克里斯站起来，向委员会成员说道："我提议推选金妮作为我们的主席。她是最先提出这个提议的人。"

科琳和佩琪都说道："我同意。"于是金妮就被选为了主席。就像这样，整个过程进行了大概30分钟。对于会议中的30位员工来说，大家志同道合，而这半个小时的成果令人满意。

在接下来的一次员工大会中，金妮提出了他们的计划：我们将会把钱捐赠给我们愿意为之花费时间的慈善项目；我们的捐赠资金将会限制在两个项目里，以此实现最大的参与度；我们的支持项目包括一个有关艺术的慈善项目和一个有关孩子的项目。她说，这代表了整个办公室的一致观点。

金妮还表明，委员会已经确定了一个亚特兰大交响乐年轻艺术家项目，在这个项目中，我们将会为一位在该季度中作为主演且颇有前途的古典音乐家提供经济支持，帮助他（她）举办周末音乐会。我们将会亲自参与举办该艺术家的招待会，并且邀请一些商业团体的领导人和他（她）见面。不得不说的是，我们的第一位艺术家是一位很有名气的小提琴表演家美岛绿（译者注：Midori，日籍小提琴家），她16岁时就与亚特兰大交响乐团合作演出过。

委员会提议的第二个慈善项目是帮助一个治疗儿童癌症的组织"CURE"。这个组织为研究儿童癌症提供资金，并推动寻找儿童癌症治疗方法。但对我们员工来说，更看重的是病患和家庭服务工作。他们的运营

方式类似于麦当劳儿童之家,当孩子在医院接受治疗的时候,这个组织会接待他们的家庭成员,也有支持的团队来帮助孩子和父母与可怕的疾病做斗争。

除了每年提供15 000美元的资金支持之外,我们整个办公室都真正参与到了组织活动中。"CURE"在他们的董事会中为我们留了一个席位,当然,我们把这个位置给了金妮。办公室的员工每周至少为癌症儿童及他们的父母烤一次小饼干。另外,我们每年都会为孩子及其父母、外科医生和护理人员在斯通山举办一次大型的野餐聚会。在加入组织的第三年,我们有一次美妙的野餐体验。这次活动,我们得到了可口可乐公司捐赠的一辆拖车的特许使用权和许多免费的饮料,还有亚特兰大下属公司提供的食物和供应品。不仅如此,佐治亚理工大学的领导人也出席了这次活动,我们还在野餐过后安排了一场演出秀。我们公司的员工一直参与其中,有的人扮成了小丑逗孩子们开心,有的人一直陪在孩子身边和他们做游戏,剩下的也都一直在制作餐品或者帮忙做事。那一年,我们大概为2 000名大人和小朋友提供了服务,并因此感到骄傲。

对很多员工来说,这是一年中最有价值的一天。它提供了一个机会,让我们用一种很重要的方式回报社会。但从另一个角度来说,那一天也是一年中最艰难的一天。看着那些打动你心灵的孩子,他们有些只能待在急救车里或病床上,在野餐期间也不得不连着智能视频机器。受化疗的影响,他们之中的很多人都剃了光头。但他们本质上还是孩子,在这个下午,他们可以短暂地忘记病痛困扰,开心地玩耍。

在助长士气和促进团队建设方面，亚特兰大办事处的工作人员参与的这些外展活动可能比其他任何事情都更有价值。他们真正地团结了队伍。想来也神奇，举办这个活动仅仅是因为在一次员工大会上，我们的接待员金妮问道："公司有扶持一些慈善机构或外展服务项目吗？"

团队建设并不是欢呼喝彩的演讲或做作的演习。只有当公司把建立员工之间的情感联系作为重要目标时，才能完成真正的团队建设。我们要把团队建设当成一份真正的事业，投注热情和精力，把团队融合为一股力量，并让这个力量大于每个单独成员各自的力量。

发展盟友

我的父亲曾是一个工厂的生产经理，这个工厂有一个十分强势且具有侵略性的工会，父亲总是抱怨他们有很多不切实际的要求。而在我就读的商学院中，教学人员和学生之间也存在着一股明显的反工会风潮。

因此，在我年轻的时候，我也带有反工会的偏见。但是随后二十年中，我的看法慢慢改变了。因为我有机会在工会车间的环境下工作，并让工会领导人参与到日常工作中。尽管的确存在一些不可理喻的、破坏价值的工会，但我的经验告诉我，大多数工会都是其公司宝贵的资产。

在一个有着上千名员工的公司，一个好的工会可以在雇佣关系中起到关键的作用，事实也确实如此。他们可以在雇佣关系中推动公正公平，也可以在变革刚开始的时候，积极地影响他们的成员。

我也发现大多数当地的工会领导人聪明且有思想。事实上，在很多情况下,我发现他们比公司的管理团队更聪明,而且更关心公司的可持续发展。这些都是可靠的员工,而公司能够拥有这群人是非常幸运的。并不需要拥有全部,只要有一部分这样的员工就已经足够幸运了。

回顾我的职业生涯,我遇到过五六次需要和工会打交道的情况。但是毫无疑问,意义最重大的一次是在伊利诺伊州的贝尔维迪尔的1268汽车工人联盟。

在1980年,我是尝试着把克莱斯勒汽车公司从破产边缘拉回来的团队的一员。最初他们聘请我们是为了分析商业战略以及支持他们向美国联邦政府申请15亿美元的贷款担保。我们断定他们有一个可把握的机会,能够扭转局面,并避免大概15万人失去工作。

我们的主席吉姆·法利(Jim Farley)和克莱斯勒汽车公司的首席执行官李·亚科卡(Lee Iacocca)与财政部长、通货监理官和美联储主席一起开会讨论这件事。这组领导人决定继续进行贷款担保项目,但是要求克莱斯勒公司再取得20亿美元的无担保贷款,他们的确这么做了。政府还要求克莱斯勒汽车公司保留博思艾伦领导一个削减成本并扩大收入的重要计划,并定期把克莱斯勒汽车公司的发展情况报告给联邦政府工作人员的权利。

卡尔·布朗克维斯特、戴夫·古扎(Dave Guza)、兰迪·迈尔和我组成了一个团队,我们大多数工作都在伊利诺伊州的贝尔维迪尔的一个工厂。这个工厂造就了道奇·欧米尼(Dodge Omni)和普利茅斯·哈里逊(Plymouth Horizon)(译者注:二者都是美国著名的汽车品牌),它雇用了大概6 000名员工。我们用这个工厂来发现、发展和测试因素,以提高汽车性能。如果这些测试成功了，在世界各地的其他的克莱斯勒工厂也能广泛应用。

兰迪解决了所有供应连锁管理问题和因素，而我把注意力集中在工厂劳工和装配线的效率上。我们共同对底特律这座城市的购买能力进行了评估。这是一项事关重大且对时序有严格要求的工作，这也是一项耗费体力和脑力的工作。

在贝尔维迪尔工作的第一周我就断定，如果要实现有效降低人工费和提高装配线效率，就必须得到工会的帮助和支持。在分配的临时办公室里，我见到了当地的工会主席，并告诉他我们来这里的原因是为了降低成本，通过削减上百份工作，以获得保留其余上千份工作的资金，并从根本上帮助克莱斯勒汽车公司规避破产，恢复生存能力。

听我说完后，他告诉我，他很欣赏我们一直尝试做的事情，并希望我们成功，但是在他同意帮助我们之前，我需要通过一个测试。他告诉我，在工厂的一号修剪装配线上有个问题："很明显，有这么一个女员工，为了照顾两个工头才给她分配了工作。她是一个小时工。但是，她把时间花在在办公室与工头聊天，离开岗位把咖啡和甜甜圈带给工头，或偶尔帮他们洗车上，而不是把时间花在指定的装配线站点。这实在令装配线的其他工作人员讨厌。"

然后他向我解释测试内容："只要你可以让那个女员工离开办公室回到装配线工作，我会很乐意地以任何力所能及的方式来帮助你。"

我决定接受这项测试。之后，我到一号修剪装配线去证实他所说之事是否属实。果然，有一位颇具吸引力的女士在办公室边喝咖啡边和一个工

头聊天。然后我直接走到工厂经理赫布·斯通（Herb Stone）的办公室，告诉他我和工会主席的谈话，以及装配线上现在的情况。

几天之后，工会主席走进了办公室，然后和我握手："恭喜你，我相信你一定知道那个女员工已经回到装配线上。但是你可能不知道，那两个工头都被开除了。你通过了测试，现在告诉我，我能帮你什么忙呢？"

在接下来的几个月中，他和我一起工作，合作密切。他是一个聪明且有创造力的人，他的想法满是创意。通常当我提出一种新颖的方法时，他会说："那种方法是不会有用的，但如果是你用这种方法做，我相信它会成功。"

一次，他向我解释这样回答的理由以及他怎样回应我各种各样的建议。他说："我的工作是为了员工努力工作，并让事情变得公平公正。只要不公平的现象存在，就没有人以努力工作为目标。"

然后，他问我目前装配线平衡的效率。想一想平均每个装配线工人工作1小时有多少有效的生产时间。如果是90%，那就意味着在任意1小时内，平均每个工人工作了54分钟而虚度了6分钟。

"93%。"我回答道。

"好的。"他说，"如果它提升到97%的话，我一定会很高兴，只要每个工人的效率在95%~99%。这是公平的，我也可以说服我的组员。如果有些工人效率只有75%，而其他人的效率在110%，那就麻烦了。因为那样并不公平，我也不能说服他们用这个办法。"

我们在贝尔维迪尔的装配工厂取得的成效很大，这很大程度上要感谢与工会的合作。我记得我们削减了5%的人工费，这在汽车行业里是一件大事。之后，类似的改革将在全公司上下实施。

在相互信任和共享任务的基础上，我与当地工会主席建立了一段牢固的关系，我们能一起领导变革并从基层工人中实现空头购入。毫无疑问的是，如果我们缺失了这段关系，目标不可能被实现。

克莱斯勒汽车公司十分迅速地调整了航向。除了削减基础成本和扩大收入外，他们还引进K系列新型汽车。所有这些都让他们有能力在3年内偿还35亿美元的贷款。

展示你自己

毫无疑问，我开过的最疯狂的一次员工会议是在1989年10月13日，那天是星期五，也是我过完40岁生日的4天之后。我们在亚特兰大市中心的丽嘉酒店召开了会议，接着又举办了一个招待会，那里距离我们办公室只有一个街区。因为我宣布的一项新政策，员工会议的气氛不太好，几乎所有客户服务人员都为此而怒气冲冲。

博思艾伦的员工能享受到的特别待遇之一，就是长期以来都可以乘坐飞机头等舱出行。员工们非常看好这项福利，因为他们大多数人每周都要乘好几趟班机。比如我，就曾一度是三角洲航空公司全球最佳客户榜的第23位。

但美国企业的管理合伙人似乎觉得，我们可以通过修改头等舱政策，要求所有人转而乘坐二等舱，以节约一部分开支。这个提议得到了大多数

纽约地区合伙人的支持，其中一位告诉我："我很少乘坐飞机，所以这个改动根本影响不到我，而且还能给公司省下不少钱。"

当我把这个新政策告诉员工们的时候，他们很生气，还威胁称要在费用报表里隐藏升级头等舱的费用。我用了很长时间让他们冷静下来，并提醒道，其实他们也不想违背正直与诚信，为了一个愚蠢的政策改动而冒着丢掉工作的风险隐藏升舱费用。

当时，三角洲航空公司根据航班的时长，以10美元、20美元、30美元不等的价格向常旅客提供头等舱升级服务。"自己支付升级费用就好，不要太担心。"我建议道，"这本就不是什么大事。要是付不起30美元就来找我，我用自己的钱替你出。"这句话好像让他们安静下来了。

会议结束后，我们前往招待会。走进房间时我想，工作人员们应该需要大吃大喝一顿来平息对头等舱政策调整的愤怒。事后，他们也确实享用了一顿美餐。

我知道其他办公室里也有几位合伙人被邀请去参加招待会，因为大家计划要为我庆祝40岁生日。我恳求我的搭档加里·肖斯不要做出任何疯狂或令人尴尬的事情，并告诉他我只想和同事们喝几杯。

所有事情都很顺利地进行着，直到喝第三杯饮料时，我听见门口有些骚动。一位丰胸细腰的金发女郎走进了房间，她穿着一件大概小了两个尺码的护士制服向我走来。这时工作人员已经能察觉到微妙的气氛了。

她直接走到我面前说道："库尔特，我是'好身材'护士，来给你做40岁的生日体检。请脱掉你的衣服。"

这时我脑海中充斥着各种想法。如果我什么都不做，就会成为这15分钟令人厌恶又惹人尴尬的幽默场主力。而从另一方面看，我是办公室的管理合伙人，我可不能当众脱衣服。但我早些时候已经想好，要让员工们在今晚狂欢一场，不是吗？管他呢，我心想，反正人也就活一回。

于是我把饮料放下，开始慢慢地脱衣服。首先是领带，之后是鞋袜，再是衬衫。然后又停下来重新考虑一番，脱了休闲裤，最后是我的汗衫。现在只剩下内裤了。

员工们都疯了，大声叫喊着鼓励我继续。但那时，我觉得这样已经足够了。我可不能在员工面前不着寸缕，于是便坐在椅子上说道："我准备好了，'好身材'护士。"

在接着讲这个故事之前，我必须承认，人们对内衣的反应总让我困惑。自记事起，我就一直有这种困惑。大多数人似乎都会在穿着泳衣的人面前感到放松舒适，但是面对穿着内衣的人却往往惊慌失措。平角裤和泳裤有区别吗？比基尼和文胸有区别吗？我穿着内衣就像穿着泳衣一样舒服。我想自己就是这么个奇怪的人。

让我们回到"好身材"护士的话题：她靠在我身上，假装用听诊器听我的心率，在我耳畔低声说道："这样的事情我已经做了3年，之前从没有人把衣服脱掉过。我也不知道接下来该怎么办。"

我悄声回答道："那你最好想个办法，要是想不出的话，你可就成了那个尴尬的人了。"于是她继续进行她的"体检"，员工们则继续疯喊，鼓励我们。所有关于头等舱新政策的坏情绪都神奇地被一扫而空了。

有时，领导别人需要你向大家展示自己，做些常人难以接受或意想不到的事情。这种做法通常就像提供一个压力释放阀门，可以让队员们从一些问题与挫折的困扰中解脱出来。

领导一个团队的方法多种多样。某个问题或某种处境或许能为建立团队提供基础，但团队合作的根基在于共享经历与体验。本章第一个以及最后一个案例研究就为这种团队组建的领导工作提供了绝佳的范例。为了一项共同的事业，委员会将合伙人和员工们聚在一起。我们和儿童癌症组织"CURE"的合作活动，在员工之间构建起了一种强烈的情感纽带。而"好身材"护士的表演再一次提供了共享体验的机会，尽管是以幽默为基础来缓解压力，但员工们正是因为我的"尴尬"彼此建立起了纽带。

就克莱斯勒汽车公司的例子而言，当地联合汽车工会的主席和我组建了双人队。我们曾明确承诺要对一些问题做出实质性的处理，正是因为这个原因，我们才紧密凝聚在一起，而且不允许上层领导强行控制这个计划。之后，我们共同努力让那个女员工重新回到工作岗位上，才搞定了这件事。

你的盟友通常不在意料之中，可能是工会领导或管理人员，但也可能是审计员或监管员，甚至是税务机关。所以结盟时要保持开放的心态。

你总是需要同事和盟友的帮助来完成重要的事情。虽然才能是必备条件，但如果员工们无法在领导之下团结凝聚，那就无法提供真正的价值。而你就是那个必要的领导人。

第三节 吸引注意力

> 最优秀的领导者应当以身作则,激励队员。如果这办法没用,那么兴许可以尝试采取粗暴的"恐吓"。
>
> ——拉里·凯斯滕(Larry Kersten)

大多数人都不愿意改变。改变意味着什么不重要,他们就是不想这样做。改变会带来威胁,改变是可怕的,改变要求人工作。不论是改变家庭中的个人生活方式、行为举止,还是改变商业工作中的战略、流程、政策或报告关系,都会使他们面临可怕的威胁。为了取得成功,变革推动者首先需要吸引受变革影响者的注意,也就是那些在变革发生时就必须接受的人,还有那些被迫在将来改变工作方式的人。

正如约翰·科特(John Kotter)所指出的那样:"就核心而言,拒绝改变出于一种自满情绪。而反过来,这又恰好顺应了人们倾向于否认那些自己不愿听到的内容的心理。如果没有各种问题,没有艰难险阻,那生活就会变得更加令人愉快。在很多时候,我们中的大多数人都认为自己面临着足够多的挑战,一直都很忙碌。我们可不想再找其他的工作。因此,当有

证据表明出现了大问题时,我们通常选择忽视这些信息以逃避问题。"

我们永远不要低估那些有助于增强自满情绪,并且维持现状的力量的重要性。如果变革推动者想让改变发生,有时候就必须吸引组织的注意力。

这是个不允许争议存在的社会

博思艾伦是一个非常有学院气质的地方,合伙人和员工们相处得很好。我们彼此打成一片,社交紧密,从对方的失败中吸取教训,同时也分享成功。即便如此,从某种程度上来说,公司内部也存在着一定的纪律来约束我们的行为,并使我们遵循一些通常能被接受的、极少受到质疑的方针政策。

我们在工作上耗费的时间,都可以按比例向客户收取费用(计费比例),这是公司营业利润和盈利能力的主要驱动因素。我们竭尽所能以求达到,乃至超越个人计费比例目标。大多数工作时间记录表和费用报表是按时完成的。合伙人们通常会管理应收账款,并督促客户及时付款。

然而,其他一些公司却纵容共同掌权的文化侵占本应由个人负责的重要领域:合伙人没有及时提供发票单据,负责与客户对接的员工则接受甚至鼓励客户按低计费比例付费,员工们还会偶尔无视长达数周的时间记录表和费用报表。

纪律的缺乏,以及纵容这种缺乏的商业文化会影响到其他方面。比如接受和遵守新政策和工作流程,它们都是构成重大变革创举的组成部分。太多人执着地认为，在进行任何变革之前都必须达成共识。只要共识尚未达成，他们便态度消极，拒绝参与变革。这就意味着共同掌权出现了问题。

这种共同掌权文化的典型代表就是博雅公共关系公司，1993年我刚开始与他们合作的时候，他们是全球最大的公共关系和营销传播公司。当时担任首席执行官的是拉里·斯诺登，他让我对公司业务进行一次批判性审视，并想出一些方法来提高业绩。

那时，博雅公关是一家市值3亿美元的公司，在45个国家或地区拥有75家公司。他们的工作主要集中在大型的全球性公司，尽管也有一些按我的说法可以称之为杂牌的小公司。刚开始工作时我就发现，尽管员工的利用率（计费比例）是博雅公关盈利能力的主要驱动因素，但他们没有做到有效地衡量或管理。所以他们的全球利润率仅为2%，这是意料之中的事。

我把数据整合在一起，这样能让我确定前一年美国地区员工的计费工作时间。他们仅仅用48%的有效时间来向客户收费，难怪并不怎么赚钱。而其余52%的时间都用来发现新客户、在内部项目中工作、参加培训大会、出席会议或者只是简单地虚度时光。

从我在专业服务公司的工作经验来看，他们本应该实现80%的时间使用率，而这些时间本可以让利润空间提升超过30%。在博思艾伦，我们会定期完成85%的计费比例。

我也发现，客户开发票和回收发票的过程是缺乏管理的。他们有很大

一笔未开票的客户费用,而且账本上的收款周期平均超过120天。相比之下,在博思艾伦公司,应收款项通常在20～40天。这暗示着博雅公关有超过一亿美元的运营资本被占用,投资了这些应收账款。

还有其他一些由流程、政策、系统和公司文化所导致,造成重大损失的例子。每个月的账单他们都得花上50天来结算。是的,经理们在接近5月底时才拿到3月的财务业绩。客户的私人信息则是被随意存放的,这些信息的使用权也缺乏管理。我必须指出的是,博雅公关管理团队不是由蠢材组成的,他们是十分聪明能干的专业人才。而造成上述问题发生的原因,仅仅是他们未能监测和管控关键绩效指标。

拉里和我,还有他的高级管理团队,着手解决问题。在短时间内,我们让管理人员在得到更有效的信息这方面取得了长足的进步,因此他们可以开始处理很多类似的难题。

然而,在集中注意力和从不同角度管理团队这方面,我们进行得不是很顺利。我们在推进,但是进展很慢。为了符合他们公司的文化,拉里一直尝试着去劝说他人,而不是做出要求。

我建议他开除一些能力较差的执行人员,以达到引起组织注意的目的,但他拒绝这样的方式。结果他们的财务业绩一直特别不理想,不被扬·罗必凯广告公司所接受。

1994年,拉里被调到扬·罗必凯广告公司任职,而汤姆·贝尔则接任博雅公关首席执行官的职位。我继续着在博雅公关的工作,且工作量有所增加。作为高级管理团队的一员,汤姆运营着在华盛顿特区的博雅公关办公室，并落实我提出的提升绩效的方法。他是少数不仅明白而且能执行计划的人之一。他希望我能继续做一个变革推动者，并尝试加速实施进程。

汤姆也有另一个难题：公司的整体价值定位是过时的。在公共关系和营销传播服务方面，博雅公关已经变成了一个战术性的、低利润率的产品供应商。这意味着他们提供的服务本质上是交易型的，事实上所有其他竞争者也会按商品价格来提供服务。比如给客户写一个简短的通讯稿来宣传新产品，这就是一个很好的例子。

汤姆和我就此进行了讨论，我们想创造、发展和实施一个新的价值定位，让公司成为一个有战略的、高利润的、为客户提供差别化定制服务的合作伙伴。

在汤姆担任首席执行官的前几个月里，我们开发了一项新的服务，叫作"认知管理"，即顾客对公司所提供的产品和服务的认知，通常比它们本身的情况更为重要。而且在一个经受过时间考验的方法论的支持下，这些认知能力是可以被创造和增强的。汤姆尝试把这个服务提供给几个自己的客户，而客户们都认为它非常引人注目且具有潜在价值。对于博雅公关公司来说，这项服务是战略性、高利润且具有竞争力的。

我们开始慎重地在公司内推广这项服务。不过遗憾的是，虽然这项服务在公司取得了一定的成效，但是有很大一部分管理层人员拒绝接受它，他们想自己去寻找一些提高效益的方法，这种僵持的局面持续了几个月。汤姆的失望感越来越大，不仅是对公司在改变基本商业实践方面的迟钝，也是对它拒绝接受认知管理而感到失望。

汤姆的失望在他接任首席执行官5个月时达到顶峰。他在意大利的威尼斯召集了整个欧洲管理团队,开了一个会议。大概有40个高级经理出席了会议,他们来自地区总部和约20个欧洲办事处。我也受邀出席,并参与讨论。

在会议的一开始,意大利地区的经理欢迎了她的同事,然后介绍了汤姆·贝尔。汤姆走到演讲台上站着,然后转身面向观众。他说的第一句话是:"这不是一个允许争议存在的社会!该死的共识!我们正在用自己的方式做事。"

汤姆的话一出口就引起了屋子里所有人的注意。没过多久,我们就被整个欧洲每个地区办事处的所有管理人员所知晓——这里来了个新主管,事情要变了。这次会议充分地表现出,汤姆具有作为一个企业鞭策人应有的所有品质。

会后,我们继续努力去推动变革,但这仍然很费劲。1997年,在汤姆的积极推动下,扬·罗必凯广告公司收购了我们的咨询机构。3个月后,公司要求我担任博雅公关的首席财务官,并直接向汤姆报告工作。

随着我的权威建立,变革的速度也在提高。我们的工作转向公司的应收账款管理,在接下来的两年里,美国地区的利润空间从11%提高到了28%,整个集团的利润提高到了12%,应收账款周期从120天减少到了20~50天,每月结账的时间从15天减少到了6天。"认知管理"服务让我们的价值定位更加明确,但它从未真正受到大多数客户领导人的注意。

1999年，汤姆离开了博雅公关，担任了扬·罗必凯广告公司的首席执行官。在2000年，我们以47亿美元的价格，把咨询机构卖给了大型公关公司WPP集团。我确信，很多由我们发起的改进项目，在如今的商业领域仍有一席之地。但在缺少思想领袖汤姆·贝尔的情况下，"认知管理"服务无法继续推动。以我的经验看，它可以用数年的时间来有效地变革一种文化。我们只是没有了时间，也失去了领导者。

用低廉的成本创造戏剧性效果

我大学毕业后的第一份工作，是在工业核子学公司的生产与库存控制部门，公司位于俄亥俄州的哥伦布市。对我来说，这个公司最伟大之处就在于他们十分先进，乐于把时间和金钱投资在最新的经营手段和技术发展上。生产和库存控制领域正在经受一个块状转变，而高实用性和高性能的计算机设备的出现，加大了这一转变的可能性。美国国际商用机器公司开发了第一批最全面、最完整的生产计划系统——"COPICS"系统（以沟通为方向的生产情报和控制系统），工业核子学是供其发展使用的β测试场地。这个公司的确走在功能变革的前沿。

1971年，我成为一个稽查员，我的工作是催促各方，让顾客的系统和子系统能够更快地被组装、测试和发放。1972年，我晋升到了材料控制主管的职位，除此之外还负责仓库管理。

像"COPICS"这样的综合生产计划系统，其中一个明确的要求就是要精准记录库存。精确平衡库存数量，对于之后分时间段地计算材料数

量至关重要。当组成部分之间存在高度的相互依赖性时,风险会很高。例如,对一个组件的要求,可能是另一个较高层次部件功能实现的前提,而反过来,它又是另一个更高层次组件功能实现的必要条件。在这个层次结构中,每个级别的要求首先都要由每个组件或子组件的现有库存来满足。因此,任何库存记录错误都会让生产计划产生连锁反应。或者说,任何一个库存记录发生错误,都有一个计划中的层叠效应。

简而言之,精准记录库存是一件大事。在20世纪70年代,大多数制造企业还没有想过这个问题。

新控制环境的第一个要求,就是确保库存的实物管制,一个围着铁栏上了锁的仓库是实现目标的重要方式。通过访问受限,在工业核子学里,我们已经有了一个围着铁栏的仓库。我只是不得不给门上锁,管控钥匙而已。这是一个制造部门的巨大转变,因为以前大家都习惯直接走进仓库,取用自己需要的物品。

下一步就是限制人员进入仓库。除了在仓库工作的员工外,我禁止任何无关人士进入仓库。作为经理的我和检查员阿琳·费尔格(Arlene Felger)可以进入仓库。所有的仓库小时工当然也都可以进入仓库。其他人则受到禁入限制。我记得有一次,制造部副总裁沃尔特·坎托(Walt Cantor)自行进入了仓库。阿琳看到了,毫不犹豫地把他赶了出去。他非常恼火,随后直接就来找我。当他告诉我阿琳的做法后,我回答道:"阿琳做得很好,我们会考虑给她升职的。"

最后,我们不得不规定,任何从仓库按需取走的材料,都必须附有一份请购单。没有纸质申请，就无法领取任何部件。仓库工作人员必须认识到，我们不允许员工光有借口或承诺，而没有纸质申请。

实施这个变革之后，我们发现库存记录的精确性有了显著的提升。我们把剩余的错误，归咎于仓库工作人员的疏忽或者故意为之。他们会把部件放入错误的箱子里或写下错误的收据。随着时间的推移，愚蠢的小错会越积越多。

我决定要引起他们的重视。我先去了工程部，让他们创造一个新的零件编号。15768-001代表一枚价值1美元艾森豪威尔像银币，按规格来说，它是直径为38.1毫米，由8.33%的镍和91.67%的铜等金属组成的银币。

然后我去了采购部，让他们向街边的银行开出一张购买100枚银币的采购单（部分银币编号是15768-001）。之后，我又去了会计部门，拿到了一张涉及新采购订单的100美元的支票。再之后，我去银行见了经理，给了他支票和采购订单，询问银行是否可以在一个小时内把100枚银币装箱，连同一份购买订单的复印件一起送到工业核子学公司的收货码头。他很高兴地同意了。然后我回去，等着看会发生什么。

稍早于预定的运送时间，我离开公司去了收货点，藏在一个柱子后面。一位银行职员带来了那个盒子，把它交给了收货员，收货员登记了盒子，把它放在了工作台上。当她打开盒子，你会以为她发现了王冠上的珠宝。因为她慢慢地数着银币，然后她又数了一遍。

我移动了一下，寻找一个良好的视角来观察他们的举动。当收货员把这些银币送到仓库的时候，同样的事情又发生了。仓库管理员好像在处理精美的瓷器一样小心谨慎地对待那些银币。他把银币数了两遍，然后给盒子做好标记，把银币放进盒子里，然后把盒子按零件编号的顺序放在架子上。

第二天上午，我召开了一次会议，召集了所有收货员和仓库管理员，告诉他们我听说工程部门已经决定把银币用于一个特定的电子组件设计里，因为银币有电导性能且大小合适。还说，听闻前一天我们接收了一批100枚银币的货物。

然后，我对他们说："现在看来，如果你们将搞砸仓库里的任何事——误算、误放、文书工作上的差错，无论什么事，都当成你们视若珍宝的银币一样对待，那么错误就会少很多。"然后我离开了房间。事后有人告诉我，我的话得到了他们的重视，我们的库存记录精准度也因此提升到了99.8%。

就像我在本节开头所说的那样，大多数人是不愿意改变的。不管这个改变是什么，他们都不愿意去做。为了成功，变革推动者需要以引起所有被变革影响的人（即那些必须接受变革才能使变革发生的人，和一旦变革发生就要被迫去做不同工作的人）的注意为开端。

很大程度上来说，为了引起他们的注意，你选择的方式将取决于你的个性。如果你天生性格内向、做事温和，那么激烈的变革方式很显然不适合你，因为让他人改变会让你很为难。因此，你需要采取一些更加聪明的方式来达到变革的目的。如果你是性格外向、做事激进的人，那么你可以试着用一些夸张的、引人注目的方式来推进变革。无论是哪种性格，变革是势在必行的。

不要忘记抓住他们的情绪。为了让人们接受变革，你必须处理好他们的恐惧、挫折或缺乏的安全感。这并不意味着你必须凝聚共识，你也不必收敛你的进取心。你只须简单地注意人们对所提议的变革会有哪些情绪反应，然后给他们提供一些保证即可。

无论是在重大变革计划实施之前，还是实施之中，你都需要引起员工的注意，并让他们参与进来。你要真诚，要有创造性，要让变革变得有意义，要成为一个真正的企业鞭策人。

第四节 定义问题

> 如果我有1个小时来解决问题，我会花55分钟思考问题，再用5分钟思考解决方案。
>
> ——阿尔伯特·爱因斯坦（Albert Einstein）

> 对任何思想家来说，最大的挑战是用一种提示了解决方法的方式来阐述问题。
>
> ——伯特兰·罗素（Bertrand Russell）

对一个变革推动者来说，最重要的事情就是定义问题：清晰、明确和真实。我估计70%的由我领导的管理咨询任务，在一开始客户对问题的定义就不恰当。

造成这一局面的原因有很多。有些是因为只看到了问题的表面症状，没有找到问题的本质。有些是因为收集到的数据不可靠，或者根本没有数据。他们只是拿出了过去出现过的老问题，然后直接找到了解决方案。其他时候，真正的问题被错误的或不完整的分析掩盖掉了。

兰迪·韦恩·怀特（Randy Wayne White）在小说《福特博士》里曾经提到过这个问题，他认为："抢在数据之前得出结论是一个很危险的捷径。"

开发环境

酷彩公司是一家建立于1925年的法国制造商，以色彩绚丽的搪瓷铸铁厨具闻名，标志性的颜色是火焰橙色。我相信，很多人都使用过他们家生产的平底锅、荷兰烤肉锅和水壶。虽然酷彩公司现在的生产地集中在法国，但在20世纪80年代，它的生产地有两个，一个是法国的大弗雷努瓦地区，另一个则是美国的南卡罗来纳州俄里布兰奇地区。我接到酷彩美国公司执行总裁的电话，说他们在配送方面需要一些帮助。于是我前往南卡罗来纳州，在他的办公室与他见了面。他描述了公司的情况，以及分配方面存在的问题。

在美国和法国现行的外币兑换汇率的基础上，酷彩公司把它的厨具生产分配给了两个铸造厂。它们采用了复杂的制造和加工工艺，尤其是手工制作工艺，以制造高质量的厨具。此外，酷彩厨具还提供终身保修的售后服务。

酷彩公司在美国市场有一批销售人员，他们主要为连锁百货公司和专门的厨具商店供货。美国分公司负责三个配送中心，它们分别坐落于南卡罗来纳州、芝加哥和洛杉矶。这也是执行总裁担忧的源头：分销成本过高，他正在考虑关闭芝加哥配送中心。但关于这个决定他还想听听别人的意见。

我们讨论了他们的产品和销售过程,谈论了在南卡罗来纳州和法国的制造工厂。我们评估了他们的分配网络和实施过程。在这次谈话中,他分享了前一年的财务状况,以强调他对分销成本的担心。表1-1是一个简化版本的损益表。

表1-1 1982年酷彩公司损益表

收益	$25,000,000
支出	
销售产品的成本	
材料	$2,500,000
人工费	$8,500,000
总共	$11,000,000
毛利润	$14,000,000
%	56%
配送费	$5,000,000
设备	$1,000,000
市场营销	$4,000,000
管理	$1,000,000
合计	$11,000,000
未计利息	$3,000,000
%	12%

美国公司执行总裁的想法是对的。分销成本似乎严重超出常规，收益流向资金分配高达20%，而这本应该在5%~8%。我询问了更多有关生意和运营的问题。随后，我们和他的分公司副总裁共进午餐。副总裁附议总裁对于超支的分销成本的担忧，也同意总裁关闭芝加哥配送中心的想法。

吃完午餐之后，我问分公司的副总是否有一些更具体的分销成本的数据，他说会立刻给我。然后，我问总裁是否可以和市场营销部的高级副总面谈1小时，如果这对他来说可行的话，再用大概1小时的时间独自检查这些数据，我会在下午4点钟的时候回到他的办公室和他见面。"可以。"他回答道。

我和市场营销部的高级副总在一间闲置的会议室见了面。在下午4点钟的时候，我回到了总裁办公室。

"我很欣赏今天您和您员工的坦率，很高兴，许多相关数据是现成的。我想这使我能得出一些有效的结论。"我说道。

"首先，从您的资金中拿出35万美元，来对配送工作进行一个透彻的分析，这让我感到不适。"我开始说道，"通过对你们目前销售量和分销成本的一个快速分析，数据很明确地表明，您应该关闭洛杉矶和芝加哥的两个配送中心，只经营一家。南卡罗来纳州的俄里布兰奇很明显是一个最优区位，因为它毗邻制造工厂。根据现在的需求率，你不可能在经济上支撑远距离的配送中心运营。"

我继续说道："我的确可以很好地利用这35万美元。我认为你应该雇

用我的搭档戈登·拉姆赛尔（Gordon Ramseier），他是一个很有经验和才干的市场营销顾问。我对你们单位的需求历史，包括厨具套装和单独的餐具需求，感到震惊。我一直认为你们是一家拥有高度品牌意识，且在质量方面享有很高声誉的知名企业。在整个美国，你们有超过3 000家产品零售店。然而，你们在1984年这一整年内仅仅卖出25 000套厨具套装和30 000件单独的餐具。"

"是的。"我说，"你们有一个分销的成本问题。我知道，你大可以从南卡罗来纳州的仓库，用联邦快递运送你所有的零售订单，这也省钱。但我认为，通过有效的市场营销来扩大需求，会带给公司更大的机遇。这一点，戈登会帮你做到的。"

"这很有趣。"他回答道，"你能向我展示一些细节性数据，来支持你的结论吗？"

"当然。"我说。然后我用一个小时分享了我的分析和结论。在其他因素中，我向他展示了酷彩公司在每家零售店的平均销售额，并将它与我过去的零售客户目标商店和服务商品的经验做了比较。我重申了对他们现在的行销策略，以及缺乏有效消费者广告项目的意见，然后根据现有损益表，在涉及财务的问题上计划了25%和50%的销售额增长目标。

我说完后，他回答道："我知道你的意思了，我尊重你的正直，因为你轻易地远离了35万美元。但我十分想见一下戈登，你可以帮我安排一次见面会吗？"

我安排了一次见面会，在那之后，戈登加入了酷彩公司，并为他们完成了几项任务，它们都涉及增长的消费需求。在接下来的几年里，该公司在美国的销售额翻了一番。

避免分配带来的成本

1978年，我在博思艾伦的第一个任务是为NL轴承公司工作，这是NL工业的一家子公司。它有两个运营的分工厂：其中一个设立在美国俄亥俄州托莱多，主要负责制造材料密集型的精密测量仪器；另一个设立在印第安纳波利斯，主要负责制造劳动密集型的精加工零件。这两个分工厂都涉及石油钻井工业。我们的任务是留在那里，帮助他们处理印第安纳波利斯分工厂的问题。据负责人所说，这家工厂没有利润。

表1-2展示了一个简化的损益表，与我们抵达并开始工作时该工厂所给的图表类似。如你所见，当托莱多分工厂赢利的时候，印第安纳波利斯分工厂的运营损失了很多资金。在整个商业活动中，工厂赢利的时间少之又少。管理层的计划是关闭或卖掉印第安纳波利斯分工厂，集中精力提高托莱多分工厂的盈利能力。

在该企业的办公室工作了几天后，我们花了两周的时间来参观两个运营分部。我们首先参观了托莱多分工厂，大致上对它的管理层团队有了了解。在这个工厂里，有很多半成品存货。工人们似乎并不是很高产。我们没有证据来证实这一点，只是第一印象让我们有此感受。

表1-2 损益表

	托莱多	印第安纳波利斯	合计
收益	$285,000	$285,000	$570,000
支出			
材料	$70,000	$30,000	$100,000
人工费	$20,000	$125,000	$145,000
工程	$85,000	$85,000	$170,000
采购	$35,000	$35,000	$70,000
管理	$30,000	$25,000	$55,000
合计	$240,000	$300,000	$540,000
利润	$45,000	-$15,000	$30,000
毛利润	15.79%	-5.26%	5.26%

与之相反，印第安纳波利斯分工厂看起来运转得很好。管理者的组织健康、恰当；工厂里的工人积极工作；管理层团队似乎也很有经验和见识，但这些仅仅是第一印象。

当我们回到公司办公室的时候，我们开始尝试着把数字打乱。那些最初看起来是工程部、采购部和管理部的直接成本，事实上是分配给公司的间接成本，它们占成本结构的主要地位。我们需要认识并解构它们。表1-3是我们整理出的简化版本。

表1-3 间接成本明细表

间接成本	托莱多	印第安纳波利斯	合计
分部	$10,000	$5,000	$15,000
公司	$140,000	$140,000	$280,000
合计	$150,000	$145,000	$295,000

如你所见，大部分的间接成本都被分配到了公司间接成本中。我们了解到，间接成本是根据各个部门的收益分配的。然后我们开始深入分析数据，表1-4是我们得出的一个简化版分析表。

表1-4 公司间接成本明细表

	公司	托莱多	印第安纳波利斯
管理	$20,000	$10,000	$10,000
采购		$60,000	$10,000
工程		$150,000	$20,000
合计	$20,000	$220,000	$40,000

公司的经常性支出由两个职能性部门主导：工程部门和采购部门。其中75%～80%的资金用于支持托莱多地区的运营，考虑到其产品多是精密

的测量设备,这并不令人奇怪。相反,印第安纳波利斯地区,机器加工制造的高精度零件则很少需要工程或采购部门给予支持。

我们重申了公司的财务状况,并根据每个部门实际占用的资源,合理分配经常性支出,以避免无法为公司提供直接支持的一切开支。就公司层面而言,我们没有尝试将任何共享成本单独分配给任何一个运营部门。当我们完成这项工作后,产生的结果令人吃惊。

表1-5 经过重申的损益表

	托莱多	印第安纳波利斯	合计
收入	$285,000	$285,000	$570,000
支出			
原料	70,000	30,000	100,000
劳资	20,000	125,000	145,000
OH分部	10,000	5,000	15,000
OH公司	220,000	40,000	260,000
合计	320,000	200,000	520,000
贡献	-$35,000	$85,000	$50,000
差数	-12.28%	29.82%	8.77%
公司成本			$20,000
净利润			$30,000
利润率			5.26%

印第安纳波利斯分部不仅有盈利，而且利润十分可观。而当托莱多分部不得不把实际用到的所有资源都考虑进预算时，在利润方面就成了输家。传统的策略已经失去了优势。NL轴承公司首席执行官鲁迪·萨巴蒂诺（Rudy Sabatino）的观点彻底转变了。他决定关闭或出售托莱多分部，并撤掉75%的仅为它提供服务的公司组织。然而，如果鲁迪恰巧采取与之相反的行动，那他将面临比已有问题更大的问题。

虽然这个例子与我所述的别无二致，但我编造了一些数字，使分析更清晰简明，易于理解。就其本身而言，这种夸张是为了更清楚地说明问题。真正的工作比这要细致精确得多，但最后得出的结论都是一样的。

多年来我一直从事咨询业务，尝试分配由产品、客户、工厂或分部共享的开支——用来计算产品、客户和工厂的数量，以及分部的盈利能力，但几乎都是徒劳无获，且往往导致错误的结论，进而产生糟糕的决定。最好是处理直接成本，并将结果看作是为共享成本和利润做贡献。

广告再好也卖不出坏产品

1989年，我曾作为团队的一员，为凯迪拉克汽车公司（美国著名汽车品牌公司）做过一些有趣的工作。我们的团队由我的合伙人伦恩·谢尔曼（Len Sherman）领导，我担任咨询顾问。我们的任务是：分析凯迪拉克汽车公司市场营销职能的效力。它的销售额一直下降，因此高级管理层认为，问题出在无效的营销手段上。因为我在汽车行业拥有比较丰富的工作经验，所以凯迪拉克汽车公司的管理层邀请我加入团队当中。但说实话，

我的大多数经验来自运营和制造这两个领域，而伦恩是负责领导团队的思维方向与数据分析，我的经验并没有用。

伦恩在项目早期的分析工作中就感到困惑。从各方面来看，凯迪拉克汽车公司营销组合的各要素都是可靠的：广告有效、覆盖面广、信息准确、反响强烈，印刷媒体、公共关系和营销传播也同样有效。所以客户导向小组未能在其中发现任何问题信号。

但数据却表明某处出现了问题。那些恼人却又反映着事实的数字表明，凯迪拉克汽车公司的新车销量在1986年就达到顶峰，当时美国地区新车销售量共计304 000辆。而到1989年我们加入这个工作团队时，其在美国地区的销售量却降到了266 000辆，减少了12.5%。在整个流程中，一定有某个地方出错了。伦恩决定带着团队深入探究凯迪拉克汽车公司的客户群，看看能不能根据客户反映的情况，对这个问题做出新阐释。

查看了一系列数据之后，大家发现了一个关于凯迪拉克汽车公司客户群的有趣现象。1986年，其客户平均年龄是55.1岁。到了1987年，客户的平均年龄为56.4岁。客户平均年龄在一年内增长了1.3岁。如果这个趋势不断持续下去，那将是一件非常可怕的事情。之后，伦恩团队扩大了分析范围，并将他们的分析结果在图1-1中展示出来。

在10年里，凯迪拉克汽车公司客户的平均年龄增加了12岁。这意味着他们的客户群体越来越老龄化。你甚至可以精确算出凯迪拉克汽车公司将其最后一辆车卖给它最后一位客户的确切日期。

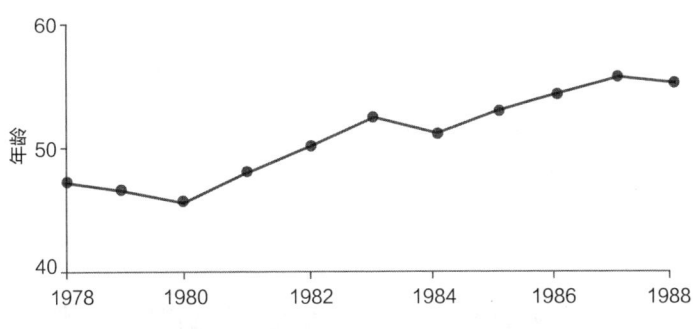

图1-1 凯迪拉克汽车公司客户的平均年龄

我们也确实算了。根据预测,凯迪拉克汽车公司售出最后一辆汽车的时间,差不多在2023年5月15日。

由此,我们团队得出的结论是,销售量下降的问题在于产品本身,而非营销手段。我们假设问题出在设计和产品质量上,如果你还记得凯迪拉克汽车公司在20世纪80年代后期制造的那些笨拙的大型汽车,许多年轻人将其称为"坦克"。它们在产品质量方面存在很多问题,从合适度、完成度、发动机到变速器。一系列小组讨论帮助我们证实了提出的怀疑,即汽车的设计和质量是导致销量下降的真正原因。

我们向凯迪拉克汽车公司的管理团队展示了我们的研究结果,但他们的反应很迟钝。他们似乎没有觉察到情况的紧迫性,以及果断及时地改变过去做法的必要性。

这再一次说明,正确定义问题,并用数字为之标注,是理解的关键。

而当问题被准确定义出来之后,简化设计并提高产品质量才是根本的解决方法。

根据我以前的职业生涯中的经验,对我来说,提供几十个正确定义问题的事例很容易。尽管有些人会因此感到惊讶,但所有这些都是基于事实,并且经过分析论证的。

我选择这三个例子是有一定原因的。酷彩公司案例涉及的问题是视野狭窄。客户受过去经验的局限,以至于无法意识到销售额过低这个显而易见的问题。相反,他们目光短浅地专注于成本结构,并确定问题出在分配上。在开始解决问题之前,他们其实需要退后一步,看看业务本身。

在NL轴承公司的事例中,我选择提出分配成本的问题。我发现这个问题是使这么多客户在一开始误判问题的根本原因。当你尝试分配共享成本时一定要小心,它往往会将你引入歧途。

最后,我使用凯迪拉克汽车公司的营销案例研究,来突出兰迪·韦恩·怀特关于"在分析数据之前随意得出结论"的警告。这的确是一个危险的捷径。除了销售额下降之外,没有任何迹象表明凯迪拉克汽车公司在营销方面存在问题。他们也忽略了根据事实和数据真正地定义问题,结果就是直接得出了错误结论。

作为一个企业鞭策人,在采取任何行动之前,必须清楚明确地定义问题。也许会令人惊讶,但这确实就是他们发挥主要价值的地方。

第五节 挑战传统思维

比知识更重要的是想象力。

——阿尔伯特·爱因斯坦（Albert Einstein）

这是预期中将发现与启示相区分的精彩时刻。

——兰迪·韦恩·怀特（Randy Wayne White）

变革推动者最需要的是好奇心。他们想知道事情为什么是这样的，他们会注意到逻辑与其所表现的并不一致，而且知道最初的假设通常是完全错误的。正如19世纪的幽默作家乔希·比林斯（Josh Billings）曾经说过的那样："大多数人的问题不在于无知，而是他们认为自己知道的事情其实并非如此。"

作为变革推动者，你必须在每次变化发生时都挑战原有想法：当你想定义问题、想用图表呈现分析结果，或者当你考虑解决方案并试图描述它的时候。挑战原有想法不仅仅关乎分析，而且关乎整个变革过程。

高效的变革推动者也往往富有创意。他们优雅而具有创造性地定义问题、决定补救措施。在如何向他人传达问题、分析和解决方案这一方面，

他们同样具有创造性。

最后,高效的变革推动者需要智力上的刺激。他们总是思想活跃,需要心理挑战。这些可以通过非结构化过程(如头脑风暴),或者通过结构化过程(如横向思维)来实现。使用间接且具有创造性的方法,比较有代表性的就是用不寻常的新角度来看待问题。

好奇心、创造力和智力刺激这三个要素结合在一起,才能让变革推动者习惯性地去挑战传统思维。本节中提出的三个案例研究,展示了抵制传统思维的三种不同方式。

区分5分硬币与1美元

人们常说能省一分是一分。虽然这可能是个好建议,但毕竟1分钱不是1美元。变革推动者需要忽略1分、5分和10分的硬币,转而去寻找1美元。他们要找到的是能真正提高绩效的杠杆,即影响力最大的领域。许多客户在区分5分硬币与1美元时遇到了麻烦。

"我们的间接劳动力成本,高出行业标准5%。"他们可能会这样说,"必须采取些措施了。"

为什么呢?这种差别很重要吗?成本符合行业规范就真的会改变什么吗?这是需要最先解决的问题吗?许多客户用事实为自己辩护,却在没弄懂事实究竟说明了什么的时候,就着手去改变事物。

说到事实,最重要的是背景。从酷彩公司的案例研究中,我们就能看出这一点。该公司显然是有机会削减分销成本的,但如果有机会增加销售额、提高收益，过多的分销成本就不是需要首先关注的问题。

在20世纪80年代，大多数医院在资本支出方面都遵循着一张非常保守的权威图表。例如，在美国佛罗里达州莱克兰地区医疗中心（我在这家医院做过大量咨询工作），副主席可以签署25 000美元的资本支出单，首席执行官的权限上限则为50 000美元，而任何超过该金额的资本购入都要得到董事会的批准。

这本身并不算是个问题。我从未见过董事会拒绝医院首席执行官的合理资本需求。但这种政策确实存在，并加强了一种文化，即始终应该尽量减少资本开支。这或许可以追溯到医院行业发展的早期阶段，当时美国的医院主要通过慈善事业筹集资金，所以资金比较短缺，而费用要在成本加成的基础上进行报销，也就是说在确定商品或服务的最终价格时，应在实际成本的基础上，再加上标准利润的加价。但这显然不是1986年的情况。

这就是为什么你经常，之后也还会再看到的，医院中像放射科和病理科这样的大型中心治疗部门，会试图最大限度地利用所有的资本资产，而且没有试图在这个目标和与之竞争的其他目标之间谋求平衡，比如降低劳动力成本。

这种试图最大限度利用资本的做法，好像没什么复杂性，没多少对耐心的消磨，也没有额外的劳动力证明又新添了资本开支。虽然有时候这种做法给人感觉确实如此，但我知道事实上并非如此。

如今的医院常使用便携式机器，为住院病人拍摄标准X光片。但是在30年前，所有X光检查都是在中心放射科做的。让我们一起来看一下这个

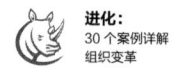

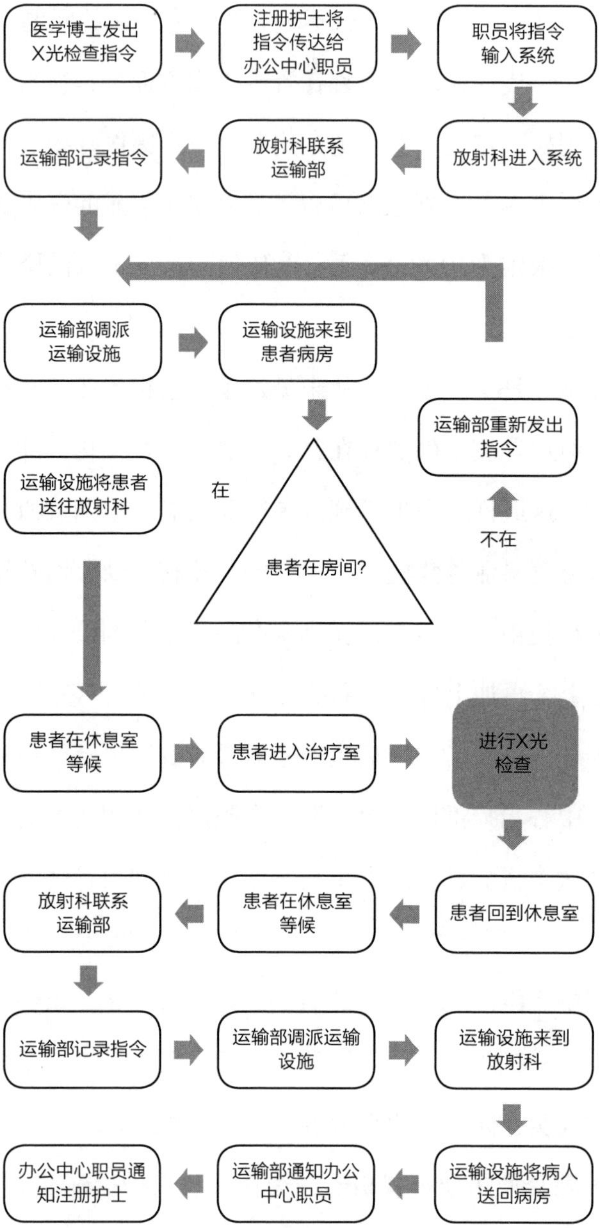
医学博士发出X光检查指令
注册护士将指令传达给办公中心职员
职员将指令输入系统
放射科进入系统
放射科联系运输部
运输部记录指令
运输部调派运输设施
运输设施来到患者病房
患者在房间?
在
不在
运输部重新发出指令
运输设施将患者送往放射科
患者在休息室等候
患者进入治疗室
进行X光检查
患者回到休息室
患者在休息室等候
放射科联系运输部
运输部记录指令
运输部调派运输设施
运输设施来到放射科
运输设施将病人送回病房
运输部通知办公中心职员
办公中心职员通知注册护士

图1-2 X光检查流程图

过程：1986年，医院里一名逐渐康复的病人接受了胸部X光检查。

如果运输设施第一次到达患者房间时，患者就在那里的话，该过程共涉及21个不同步骤。如果患者不在，系统将多次重复此前的3个步骤，直到患者回来。这项相对简单的任务需要9名医院员工来执行，要用到两种不同的计算机系统。而且在这个过程中，患者要在不同时刻躺着等待45分钟。这甚至还不包括放射科医师进行X光检查、读片、详细记录和传递诊断结果的时间。而实际拍摄X射线只有一步，通常还是执行速度最快的。

这个漫长而烦琐的过程存在的原因，显然是数量较少的放射设备被过度占用。执行X光检查所需的9名员工每年的总薪酬约为40万美元，而标准的基本X光机的费用则约为75 000美元。在重新设计过的，以患者为中心的医院中，我们通过在每个护理单元都放置X光机，并对注册护士和技术人员进行X光检查的交叉培训，从而对基本放射科进行分散管理。这就撤掉了21个流程步骤中的16个，参与流程的9名员工中的7个，减少了所有患者移位和等待的时间。每台X光机的成本都将在6个月内收回。

本节的要点是将5分硬币与1美元分开。

这是本事例背景中所包含的意义：医院人力成本一般占总营业开支的55%，按年度折旧和分期偿还来算的话，资金成本通常为5%。想通过使用更多的劳动力、构建复杂笨拙的流程来使资金成本最小化，显然不是解决办法。

当你开始挑战突破现状时，第一件该做的事就是将5分硬币与1美元区分开来。

尝试把望远镜倒过来看

在博雅公共关系公司,对于领导团队来说,有6个办事处的问题是持久的挑战:布拉格、布达佩斯、基辅、华沙、瓜拉卢姆和曼谷办事处,它们一直在亏损。但博雅公关的商业模式需要一个完整的全球性网络来满足全球各地客户的通信需求,这意味着我们不能只是简单地将它们关停。在这些市场中,客户要求占有一席之地。

上面提到的6个办事处,每个办事处的年收益约为200万美元,而年运营成本约为225万美元,这意味着每个办事处的年损失约25万美元。作为一家大型公司,博雅公关的年收入约为3.5亿美元,毛利润约为3 500万美元。所以,这些办事处的问题并非重大战略问题,它更像是一种令人尴尬的存在。公司的首席财务官负责让这些办事处有所收益,我和前任责任人则投入了大量的时间和精力来完成这项任务。

这些办事处存在一些共同的问题。首先,它们的规模都很小,办事处结构精简,想高效运营是有挑战性的。但更大的问题,则与全公司强制实施的服务和定价政策有关,这些政策与其运营地区所在的国家的市场实际情况不相符。泰国、匈牙利和捷克的市场与美国、法国和日本的市场几乎没有相似之处,但企业管理层却把它们都想成一样的。举个简单的例子,旧的公关公司为它的客户提供了"剪报"服务,公司对全国各地的报纸进行物理扫描,寻找其中是否有提及公司或其产品的内容,并将这些材料剪辑后发送给客户,频率为每天或每周。20世纪80年代和90年代,互联网和各种新技术使"剪报"服务在美国变得不必要且收益惨淡。但直到1998年,这项服务在乌克兰和捷克等国家依然有市场,只是其售价是按照当地标准,而不是全球市场标准来决定。

博雅公关公司尝试了所有常规办法,来帮助这些办事处赢利。比如,成本削减计划、新的管理团队、新的绩效报告,并且与当地的总经理进行更频繁的后续跟进交流。但所有努力都徒劳无功,这些损失似乎是运营一个全球网络所必须承受的代价。

然后我想了个办法。如果我们单纯地放弃这项业务,确实将避免经营亏损,但我们又需要这些办事处来完善我们的全球网络。那么,如果给予它们特许经营权呢?将它们交给常务董事们,允许他们用自己认为合适的方式去运营业务,并为之定价,而这些常务董事依然是博雅公关家族的一分子。如果我们按收入的百分比,收取特许经营费用,那么他们应该会带来贡献。所以我决定尝试经营一下赔钱的办事处。

博雅公关在布拉格的办事处已经存在多年,它由一位名叫迈克尔·多纳特(Michal Donath)的绅士领导,他在捷克共和国的商界和政界声名甚广且备受尊敬。他是捷克总统信赖的顾问,并将大多数捷克公司纳为自己的客户,但其公共关系和营销传播市场尚未进入其他西方国家。

我打电话给迈克尔并邀请他来纽约见面。几天后,当他走进我的办公室时,我觉得在他的预想中我会不停地唠叨他糟糕的财务绩效。

然而实际上,我对他说:"迈克尔,我要跟你谈笔好买卖!我已经建议公司把捷克地区业务的决定权、股份、存货都给你。你会有客户、员工、办公室、家具、电脑，所有的一切。我还会把我银行里所有现金也给你，而你不必为之付出任何代价。"

我接着说道："我们会让你的公司成为子公司，并允许你使用我们的公司名。你的公司将被称为多纳特博雅公共关系公司。我们将为你提供捷克共和国所有可能业务的优先购买权，并允许你继续使用我们的电子邮件系统。你可以将员工派到我们公司参加培训，你也依然是这个大家庭的一员。在大多数情况下，业务几乎跟往常一样。

"但作为所有者，你有权自由决定以任何价格出售任何服务，只要你觉得合适就好。你可以按照自己的想法对员工进行补偿。唯一的要求就是要向所有客户提供有质量的服务，并向我们支付占每季度收入15%的特许经营费。剩下的全由你决定。

"最后，"我说，"我预想到的最好结果是，你将成为博雅公关公司第一个每年赚100万美元的人。这是你现在收入的5倍。"

迈克尔非常震惊。"你可以再说一遍吗？"他问道。于是我又重复了一遍。我几乎可以听到他脑袋里齿轮转动的声音。

最后，迈克尔说："这件事我要考虑一下。你什么时候要答案？"

"下周可以吗？"我回答道。

"当然可以。谢谢。"

之后一周里，我与迈克尔交谈多次，确定了很多细节。机会很明确，随着时间的推移，迈克尔已经能接受风险了。一周后，他打来电话说："就这么干吧！"

第一章　变革推动者手册

我们请来律师，拟定了一份协议。几个星期后，我们的前期交付完成，于是迈克尔着手这项计划。计划开始3个月后，我们收到了他的季度检查邀请。最初营业额可能只有7.5万美元，而后超过了10万美元。仅第一年，我们的现金收益就有大约40万美元，再也不需要面对25万美元的损失了。这是65万美元的利润转变。

从迈克尔的角度来看，他可以用较低的薪资雇用员工，让他们在价值较低且更具商品性的项目中工作，捷克共和国依然需要这些工作。他在几年内将业务规模扩张了一倍——其成功的一部分原因在于新型服务产品，另一部分是因为迈克尔是管理者，因此他会更加致力于取得业务的成功。在协议签订快满两年的某一天，迈克尔恰好在纽约，特意来我的办公室稍做停留。他非常感谢我给了他这个机会，我回答道我们对此也非常高兴。然后他说我的预想是正确的，当年他的收益超过100万美元。每年迈克尔都会给我寄一张圣诞贺卡，他的事业将持续蓬勃发展。

之后，我又和其他5个亏损的办事处的经理签了类似的协议。因为其中有2个办事处在第一年合并了，所以我们不得不另找一个特许经营商。但其他3个交易都是成功的。

传统智慧和解决无利运营问题的常规方法，总是关注于运营本身，可能是管理改革，或者尝试提高生产力的计划等。但经过几个月的苦心钻研，我决定用一种新的方式看待这个问题。有时，我们需要尝试将望远镜倒过来，从另一端看东西。但是，不要这么对着马看。（译者注：望远镜正看则物像放大，反之则物像缩小。）

不要做银行家

无论是对于律师事务所、会计师事务所、管理咨询公司，还是负责盖屋顶的承包商来说，应收账款在任何合作关系中都是非常重要的。应收账款中的营运资本是由合伙人直接提供的。想一想，如果合伙人已经有100万美元未支付的应收账款在账面上放了60天，则说明如果这100万美元现金早已经集齐，原本可以在60天前就分发给合作伙伴了。更糟糕的是，在具体实施时，收取应收账款的可能性随时间而变小。

通常情况下，在迅速发展的专业性服务公司工作的合作伙伴，往往会惊讶于年薪并没有增加——没有成比例增加，甚至根本没有增加。答案通常是，他们通过其他渠道获得的现金，都必须提供给应收账款以使其增加。

博思艾伦公司的计费政策与其他大多数咨询公司一样。我们会提前30天向客户收取预计的专业费用和开支，并明确表示希望对方在30天内付款。这样的话，公司在月底就能收到一张支票，用以支付员工的薪资，同时报销他们的现金支出。理论上讲，这对现金流量没有影响。

虽然这是政策，但一些合伙人对及时收取费用的态度却很草率。如果政策贯彻执行的话，整个公司的应收账款将平均降低到30天，而实际上更可能是50天。这意味着在每个合伙人的现金里，都有数十万美元被营运资本占用。

1982年，我在瑟维斯商品公司赢得了一项在田纳西州纳什维尔市的重要的供应链管理任务。他们是最早的目录陈列室零售商之一，出售高级珠宝、玩具、体育用品和电子技术。

瑟维斯商品公司以提供不同寻常的购物体验而闻名，他们强调目录，即使在商店内也是如此。客户进入展厅时会收到一个平板电脑，里面有一个订单表格，用于记录他们想要物品的目录号。大多数商品都在展厅中展出，让顾客在选购时可以看到产品并亲手操作。但是有时候瑟维斯商品公司也会将目录放置在整个商店战略性的位置上，以便客户购买未展出的商品。当客户准备下单时，他们就将平板电脑带到收银台，收银员会在收款后将订单提交到商店库房。而后顾客去出口附近的取货区，所订商品将会通过传送带从库房中传出。

这项任务的竞争压力很大，瑟维斯商品公司已经收到来自14家不同公司的提案。最后范围缩小到两家，公司要求他们向主席兼首席执行官雷蒙德·齐默尔曼（Raymond Zimmerman）和他的高级职员做演讲。第一次演讲由德勤会计师事务所进行，他们的零售咨询实践在当地是最强大的。这项任务将由他们的全国性实践领导人兰迪·艾伦（Randy Allen）领导，他是业内公认的专家。

博思艾伦则是另一家入选的公司。我在零售行业没有任何经验，服务运营方面的全国性声誉也才刚开始建立。但我在供应链管理方面，确实拥有相当丰富的专业知识。演讲结束时，我直接转身与首席执行官雷蒙德·齐默尔曼交谈。

"雷蒙德，"我说，"让我帮助你把这件事变得容易一些。如果你想为贵

公司提供最好的行业解决方案,那就聘请德勤会计师事务所吧。兰迪·艾伦在零售咨询实践方面是最好的。但如果您想要最好的功能解决方案,那请雇用我们。因为我们才真正将供应链管理看作一门功能性学科。"

"举个例子吧。"雷蒙德说道。

"我会的。"我回答,"我觉得你对开放购买系统很熟悉。如果兰迪得到这项工作,那您将获得业内最优秀、最先进的开放购买系统。但是,如果让我们做这项工作,我会让你意识到开放购买系统在概念上是存在缺陷的,而你实际并不需要它。开放购买系统在零售业中很常见,它会限制买家购买多于3个月滚动销售期内购买量的商品。这是一个不合逻辑的过程,它想阻止买家重新订购热销商品,以弥补之前过度购买的滞销存货。举个例子:假设我们买家的进货限额是100万美元。她花了50万美元买红鞋,40万美元买蓝鞋,还有10万美元买绿鞋。红鞋和蓝鞋都滞销了,但绿色的鞋子很受欢迎,在两天内就卖光了。但因为蓝鞋和红鞋的库存共有90万美元,所以现在她的进货限额只有10万美元。即使绿鞋每天的销售额为5万美元,商店也不会允许她订购超过两天的货物供应量。换种说法就是,两个没用的东西拼起来也不会变成有用的。"

雷蒙德将我们请出房间,等待他们做决定。之后雷蒙德离开会议室,让我跟他一起走。我来到他的办公室,然后他说:"你得到了这份工作,不要让我失望。"

"不会的。"我答道,"非常感谢你。"

"你的提案只有一点需要改动,"雷蒙德接着说,"我不会提前支付预计费用和开支。以前从来没有过，以后也不会！"

"好吧，雷蒙德，那就是个问题了。"我说。

"你要么接受，要么放弃！"他回答道。

"在我们做决定之前，请让我告诉你问题出在哪里。你是世界级的零售商，但我敢打赌你是个十分糟糕的银行家。我是一名出色的管理顾问，但我知道自己也是一个可怕的银行家。提前30天向您收费，并要求您在月底付款，是为了不让任何一方成为另一方的银行家。我们既雇用员工，又获得报酬。不然的话，要么我资助你，要么你资助我。"

雷蒙德静坐着想了几分钟，然后说："我明白你刚才说的话，这确实有道理，但我还是不会提前支付预计费用。"

"好吧。"我说，"那我在月底向你收取实际费用，你在一周内就付款，这样好吗？"我可以忍受5天的应收账款期。

"我有一个更好的主意。"雷蒙德提出，"每月最后一天你来纳什维尔。上午9点，你来我办公室给我当月的发票。午餐时我会批准它，然后检查你的工作。这样我们都不会成为彼此的银行家。我说的对吗？"

"你要确保能够做到！"我说。而接下来的18个月里，我们正是这么做的。就像预想的那样，应收账款为零。

于是另一个问题又通过一点想象力解决了。

想指导人们改变他们对问题、解决方案或沟通策略的想法是很困难的。第一个案例研究给出的建议是：试图保证事实的正确性。的确，医院的资本成本是一个大问题，只是劳动力成本问题比它还要大得多。面对那些显而易见的问题和具有吸引力的解决方案，请用事实向你的原有想法发起挑战。

在第二个案例研究中，我选择了一个解决方案违背传统智慧的问题。谁能想到自己可以简单地放弃一笔生意，连带着它的问题和运营带来的损失呢？我确实不得不挑战自己的想法，进行超出经验范围的实践去设想解决方案。

最后，我分享了自己和瑟维斯商品公司首席执行官雷蒙德·齐默尔曼一起提出的富有想象力的解决方案，以确保我们都不成为彼此的银行家。

正如罗杰·冯·奥奇（Roger von Oech）所说："创造性思维，包括以全新方式想象熟悉的事物，透过表面挖掘深层，寻找从未被发现过的模式，并找到不相关的现象之间的联系。"尝试不再对事物进行主观臆断，而是去思考它们应该是怎样的，保持思维简洁。请记得奥卡姆剃刀定律：最简单的解释通常才是正确的。这就是挑战的本质所在。

第六节 为自己的价值而活

> 永远不要沉默地忍受欺辱。永远不要让自己成为受害者。不要接受别人对你的生活所下的定义,你应该自己来定义。
>
> ——哈维·菲尔斯坦（Harvey Fierstein）

在我大概17岁的时候,我的父亲对我说过这样一些话:"儿子,你已经到了不得不决定自己的正直有多少价值的年纪了。你将会面临很多出卖你的正直的诱惑,所以你的确需要提前思考你的正直到底有多少价值。比如,如果你买一个价值6.5美元的东西,你给收银员一张10美元的纸币,然后她给你了一张20美元的纸币。你会收下那些钱还是把零钱还给收银员,然后说:'我想你多找了零钱?'如果你收下了那些钱,你将会以少得可怜的十几美元出卖你的正直。我不知道你会如何抉择,但是我的正直,一定比那些额外的零钱珍贵很多。"

他继续说道:"现在,如果我有一个渠道偷税一千万美元,并且我可以不用为此负责。我也许会犹豫,因为那实在是很大的一笔钱,我可能一辈子都挣不到。但最终,我相信自己不会出卖正直,因为我的正直是无价

的。所以,我希望在诱惑遮掩你的辨别力之前,你能够准确找到自己的价值定位。"

很显然,无论是现在还是以后,我都不会以任何价格出卖自己的正直。如果我这么做了,它就足以改变我的本性,还会违背我的核心价值。也就是说,我父亲的话对我来说是很有用的,它把正直这个抽象的概念放到了真实的情景中。这也促使我去思考、去定义我的价值。

我发现,在商业中的很多人会因为诱惑而选择妥协:这儿一点欺骗,那儿一些谎言。只告诉老板他想听到的,即使你知道它是假话;有意识地避免不能支撑你结论的数据;告诉某个人他是这个团队里最重要的成员,然后几个月之后,等你觉得合适的时候就解雇他。

作为一个变革推动者,你无法承担违背了你的正直的后果,因为它是其他所有事物建立的基础。

职业道德问题

在我的职业生涯中,我遇到了一些缺乏职业道德的商业合伙人。不是说他们做了什么欺诈或违法之事,而是说他们做了一些在我看来是不道德的行为,一般来说,会被定义为"与专业标准不符的,或不愿意坚持正派的行为准则"。

我想起的第一个人,就是一个来自洛杉矶的前客户,他曾经在美国商业圈和慈善界都非常有名,当然现在也是。为了尊重隐私和避免诉讼,让我们叫他埃德·布罗迪(Ed Brody)。埃德曾经是一个世界500强企业的执行总裁,他把数百万美元捐给了慈善事业。即便如此,我也是对他的正直持怀疑态度的。根据亲身经历,我觉得他是个最高层次的自高自大者。他对权力和控制欲很有兴趣。很多商务执行总裁都适合这种模式,但埃德是一个典型代表。

1991年,埃德负责的实业公司在企业运营上出现了严重的绩效问题。那时我是博思艾伦公司的服务运营实务负责人,所以当埃德请求我们帮助的时候,我自然是那个回应的人。

我飞到洛杉矶,与埃德先生谈了几个小时。他的性格有一点令人气恼,他给我的第一印象是,一个有点以自我为中心的人。他很喜欢谈论自己,吹嘘他的成就。不过我以前也和类似的人合作过,这没什么了不起的。我回到纽约,整理了一份博思艾伦会怎样帮他处理问题的方案,然后再次飞到洛杉矶,向他提交。

在这次会面中,他的态度非常温和,在讨论的时候显得很热情。在重申了其他几个建议后,他表扬了我们的工作。他说比起他谈过的其他大公司,我们更有经验,也更合格。在那一分钟,我有点喜欢他了。

当时,埃德公司的主要任务就是提高运营绩效。我记得第一期定价为75万美元,公司指派了4个客户服务管理人员去做这个工作,估计这会花费3个月的时间来完成。我也认为,在帮助他们实施所建议的调整之后,我们将会参与后续工作大概一年左右的时间,我把这件事预先告诉了埃德。

当我带着员工们去吃一顿名副其实的团队晚餐时,我们已经在这

个项目上工作了两个星期。他们一直在拼命工作，与客户的合作进展也很顺利。晚饭后，我回到酒店的酒吧，喝了一杯睡前酒，享受独处的时光。我有些紧张地坐在一个和我差不多年纪的人旁边，让我们叫他布拉德（Brad），然后我们开始攀谈起来。

"你是做什么的？"我问他。

"我是一个管理顾问。"他回答道。

"你在开玩笑吧。"我回道，"我也是。"

"是的，我是在芝加哥的麦肯锡公司的合伙人。"

"我是纽约博思艾伦公司的合伙人。"

"你在这儿出差是来做客户工作吗？"他问道。

"是的，我正在为几条街区之外的一家公司领导一个项目。"

"真是太巧了。"布拉德说，"我也是。"

气氛开始变得怪异起来。"它在这地方南边还是北边？"我问道。

"北边。"

"我本不该问这个，但它是不是埃德的实业公司？"

"是的，就是这个公司。"他答道。

我们继续谈着。大概15分钟之后，事情就变得明朗了，"聪明"的埃德聘请麦肯锡公司做的工作和我们做的工作完全一样。他把我们和竞争对手区别开来，对我们的经验和资质的评论都是一样的。埃德先生举办的是一个"烘焙大赛"，两家公司会做同一个蛋糕，做得最好的那家公司会得到价值200万~300万美元的后续工作。

虽然我并没有什么理由来反对这个"烘焙大赛"。我和其他人一样喜欢竞争。不是自我吹嘘，但是在我二十多年的职业生涯中，我从未输过一个与麦肯锡公司竞争的项目。我会很高兴地参加这次"烘焙大赛"，但前提是我知晓这场比赛的存在。

任何专业服务关系的本质都是相互信任。这适用于所有的服务提供者：医生、律师、顾问、会计人员等。客户必须相信服务提供者会提供可靠且明智的建议。服务提供者必须相信客户永远会说实话。这是一段专业服务关系能够维持的唯一方法。

我告诉布拉德："我有一个好消息告诉你。明天上午8点，我会从这个项目中退出。我不会为一个在我背后耍花招的客户工作。让他见鬼去吧！这个项目是你的了。祝埃德好运。"

布拉德说如果这是由他决定的，那他也会选择退出。不幸的是，他只是一个资历尚浅的合伙人，不能自己做决定。他说他会回到房间与公司联系。我不知道麦肯锡公司会做什么决定，但我希望这一切尽快结束。

第二天上午8点，我准时出现在埃德的办公室。"我很抱歉，库尔特，但我整个上午有连续不断的会议要开。我们能在下午谈谈吗？"他问道。

"这只需要1分钟。"

"好吧。"

"埃德，昨天晚上，我了解到你聘请麦肯锡公司做的工作与你聘请我们做的完全一样——某种意义上，这就是一场为下个阶段做准备的'烘焙大赛'。这是真的吗？"我问道。

"库尔特,就算我这么做了又怎样呢?这是我的公司。"

"埃德,我这儿有个最新消息要告诉你:因为我们退出了,所以麦肯锡公司赢了这个'烘焙大赛'。在我的客户当中,你的所作所为是最卑鄙的。更糟糕的是,就为了玩你的小游戏,你愿意把股东的100万美元浪费掉。我会寄给你一张发票,上面有着我们到目前为止所花费的时间和费用。我强烈地,非常强烈地建议你立刻支付。"

我下楼走到我们团队的房间,宣布我们在这里的工作已经结束了,每个人都应该回酒店收拾行李,赶下一班回家的飞机。因为当天是星期四,我告诉他们星期五休息,玩得开心。

当我回到纽约的办公室时,退出比赛的事已经传开了。显然,埃德已经给他认识的几个高级合伙人打过电话,要拿我问责。特别是乔·内梅克(Joe Nemec),他非常愤怒,声称我得罪了一位非常重要的客户。

"他是一个卑鄙的家伙,乔。"我说道,"但我并没有这样叫他。我只是控诉了他卑鄙的行为。那样,他就会百分之一百地内疚。他是十足地、完全地缺乏职业道德。而且,如果你想解雇我,问问我们的同事,他们会更愿意选择我们中的哪一个作为合作伙伴,是我,还是埃德·布罗迪?我会赌赌我的运气。"

之后,我再也没有听到过关于这件事的任何消息,尽管这已成为公司的传说。当然,埃德把我的发票全付清了。

你的形象会受到公司形象的影响

1984年，在加入该公司的6年后，我被选为博思艾伦公司的合伙人。我既荣幸又受宠若惊。也许公司雇用的每20个人中就有1个会成为合伙人，但这仍是我职业生涯中的亮点。

成为博思艾伦这样的公司的合伙人有很多好处。你会有机会与第一流的客户合作，代表他们接受有趣的挑战。你会有机会和一些非常聪明且有经验的人一起工作。每天你都会学到新东西。你可以雇用和培养那些让你时刻保持警惕的优秀的年轻人。当然，合伙人的工资也很高。

但也许更重要的是，你是一个专业团队的一员，你们秉承共同的职业道德，信守为客户服务的承诺，维护坚定的价值体系。这些能让合作关系更有凝聚力、更长久。

价值体系的建立，依靠的是合作伙伴之间的互相信任、尊重、诚实和正直。尽管这很难做到，因为每个人都有自己的想法，但我们至少可以做到尊重其他合伙人的观点，接纳那些好的、有益的建议，我认为这是一种健康的公司文化。

不幸的是，到了20世纪80年代末，公司领导人开始为了短期收益违背他们的价值体系，这主要是被提高合伙人报酬的压力驱使。而一个组织通常会被一个持续数年且受到侵蚀和妥协的价值体系所摧毁，博思艾伦也是如此。在2008年，距最初妥协开始的20年后，公司分裂了。技术业务卖给了凯雷集团，而商务事业保持独立，更名为博思公司。

进化:
30个案例详解
组织变革

6年后,博思艾伦公司被卖给了普华永道事务所(全球四大会计师事务所之一)。从那以后,它就经过整合被纳入了普华永道,不再作为一个独立的实体存在。

尽管很多人认为,公司的转让是由高级合伙人的贪婪驱动的,但我相信公司失败的主要原因是开始于20世纪80年代末的一系列价值体系的滥用。信任和尊重的缺失,共同掌权文化造成了主要合伙人离开公司,最终导致了糟糕且无法维持的财务业绩。

1989年,我入选公司董事会,在董事会工作了3年。那时,董事会由8个高级合伙人组成,他们管理着公司的各个部门。董事会是公司的管理团体,它负责制定公司的战略政策,选拔执行总裁,批准新的合伙人选举大会,以及参与管理团队提出的重大决策。每年,公司会在全球顶尖的商业学院招聘业务合伙人,而且会基于不同的办公室和地区,雇用很多刚毕业的工商管理专业的学生。管理层通常会有一个预测,有多少拿到录取书的毕业生会接受这份工作,又有多少毕业生会拒绝这份工作。因此,如果我最终需要10名新员工加入服务运营实践部门,我可能会发出15份录取书,留有一定的接受率。

在一次董事会议中,马丁·沃登斯通(Martin Waldenstrom),一个全球商务事业的管理合伙人,报告说那一年工商管理硕士工作录取书的接受率异常高,我们的职位已经供不应求了。但是,他继续说道,斯坦福大学的招聘周期比其他学校晚,尽管我们在那里发出了12份工作邀请,但还没有人接受或拒绝。因此,他建议我们应该取消对斯坦福学生的邀请,以免问题恶化。

接着讨论开始了。

几位合伙人探讨了这种情况下的经济形势和其他的替代选择。他们普遍认为,这个问题已经有可能导致合伙人今年的奖金持平,甚至略有下降。如果我们招收8~10位斯坦福工商管理硕士,这个情况会变得更糟。

其他人讨论了我们在最优秀的商业学院中的名誉,一旦我们做的事情被传开了,影响将不仅仅在斯坦福大学传播,还包括哈佛、西北大学和卡内基梅隆大学。

两方就这个问题讨论了一段时间。最后,我忍不住了。"同事们,"我说,"这并不是关于我们的奖金或名誉的问题,这是关于我们价值体系的问题。我们犯了预测错误,现在我们却想让12名斯坦福的学生来承担后果。我们的正直呢?我们的自尊呢?对我来说,这是一件不值得考虑的事。我们应该招收这些额外的职员然后继续前进。"

马丁转向我,然后问道:"你不明白,库尔特。我们的生意还得继续做下去。"

董事会以13票对2票的结果,取消了对斯坦福大学学生的工作邀请。我感到很羞愧。

在董事会的第一年,我们决定从根本上改变合伙人的薪酬制度。在过去,没有严格的制度来规定合伙人的工资。加薪是以现在的工资以及尽可能多的业绩和公平为基础的。而奖金与表现挂钩,这是非常主观的,也并不能反映一个真正的合作关系。合作伙伴之间趋向于相互竞争,并常常试

图将自己的表现与同事区分开来,这些包括登记(销售)、计费比例和职业培训。

到了1989年,所有情况都改变了。我们采用了一个"以位置为基础"的薪酬体系,每位合伙人将占据12个薪酬名额的其中之一。新的合伙人会从1号位置开始。从那以后,他会定期接受评估,再根据任期和绩效位置发生移动。每个位置都有预先确定的薪酬点数,从位置1的100到位置12的300。每年,可分配收入将根据所有合伙人的总薪酬点数按比例分配给合伙人。这意味着,薪酬最高的合伙人将获得新合伙人年收入的3倍。这还意味着,合伙人在一年中影响薪酬的唯一方法就是发展整个公司,让公司有收益。内部竞争下台,而合作登场。新的薪酬系统对于年长的、工龄长的合伙人来说将会是一个重大挑战。合伙人的绩效指标改变了,个人对团队成功的贡献,现在是他们薪酬的主要动力。他们中有一些人,会带比以前更少的钱回家,有一些人会无法适应新的环境。

当董事会面临这个问题的时候,我们的董事长迈克·麦卡洛克(Mike McCulloch)提议,对绩效不佳的合伙人,我们将暂时终止合作关系3年。他想减少一些资深合伙人的恐惧,让他们有时间适应新的考核标准。

我们之中有很多人反对这个提议。"这不是一个社交俱乐部。"我争论道,"合伙人的成功或失败应该由绩效和限期来决定。在这样的行业里没有回头路。他们需要进步。这是一个大联盟。"

我记得最后的投票结果是11:4,董事会同意了暂停合作关系的提议。仅仅一年后,公司要求董事会批准强制解雇6名合伙人,因为他们的绩效多年来一直低于平均水平。这一提议恰好与对年度可分配收入的预测一致，预测显示合伙人总薪酬比前一年略有下降。

"这是不能容忍的。"当董事会发表意见时，我说道，"一年前我反对暂停合作关系这个提议，但我的意见被否决了。现在贪婪又使你改了主意，这意味着我们做不到言出必行。"

辩论继续着，一位董事会成员建议，这6名合伙人是不会感到意外的，他们可能早有预感。

"我并不担心这6名合伙人。"我反驳道，"我担心的是剩下的每个人，特别是普通员工。我们让自己表现得完全缺乏诚实和正直。我们没有信守承诺。这就是我们要树立的榜样吗？"我非常恼火。

董事会以10票对5票通过了管理层的决定。我再一次感到了羞愧。但这一次，我决定行动。几个月后，我辞职了。我的合伙人问我是否有了一个更好的工作。"没有。"我说道，"我不知道我还能做些什么。我只知道我不想在这里工作。"

如果一个变革推动者失败，很可能是因为他想对一个有原则的价值体系保持真实。相反，如果他们违背了自己的正直，事情很快就会暴露出来。变革推动者总是走在队伍的前面，因此，他们非常显眼，总会受到各种关注。任何抵制变革推动者议程的人，都在急切地等待一种方式，来挑战他们的信誉或品格。

在第一个案例研究中，埃德·布罗迪并没有真的做任何违法的事。但他表现出了他的不诚实和不正直，在我看来，这是缺乏职业道德的。我从

不会因为钱而和不信任的客户合作。

第二个案例研究问题更多。在20世纪80年代和90年代末,博思艾伦公司并没有发展收益和利润,以勉强达到合伙人年度收入的预期。一个软弱的管理团队屈服于同行的压力,为了短期利益而妥协了自己的价值观。不幸的是,在我看来,这种妥协最终导致了公司的转让。太多有天赋的合伙人离开了公司。

这是米歇尔·拉沃恩·奥巴马(Michelle LaVaughn Obama)在2016年总统大选期间说的:"当别人往道德的低处走时,我们要继续向高处前行。"成功的企业鞭策人总是重视他们的正直,不会用低于其价值的价格出卖。他们不会违背他们的正直,尤其不会为了短期利益违背正直。要记住:在价值体系的问题上,妥协总会带来恶果。

在本书的第一章"变革推动者手册"中,我试着阐明6个成功变革机构的关键:

1. 组建追随者队伍
2. 身先士卒
3. 吸引注意力
4. 定义问题
5. 挑战传统思维
6. 为自己的价值而活

令人惊讶的是，这些行为大部分都根植于日常的人际关系中：成立且凝聚一个团队，与同事和客户交流，领导和改变，坚持忠于一个可靠的价值体系。

同样值得注意的是，我没有提到解决方案。以我的经验，如果问题是正确的和可分析定义的，解决方案通常是不言而喻的。在我的事业风生水起的时候，常有人问我："所以不需要让管理顾问帮助客户，找到问题的解决方案吗？"我通常会回答："不。我们只帮助他们定义他们的问题。"

在下一章中，我将对建造一个工具箱进行讨论，在其中我将提出杠杆效应起作用的最佳领域，从而创造变革，提高业务绩效。

第二章

变革推动者的工具箱

我的名字是夏洛克·福尔摩斯。

我的工作就是了解别人不知道的事。

——《福尔摩斯探案》

有很多领域的业务受益于变革。但考虑到资源总是稀缺的，而那些有助于促成与引领转型变革的资源则尤为稀少，公司便通常不愿意为这样的变革计划分配足够的资源。因此，变革推动者必须优先考虑他们的转向力。在大多数企业的绩效中，只有六到七个基本领域提供了可持续的改进机会。推动绩效增长的杠杆几乎总是存在于这些领域中，这也是变革推动者应该关注的地方。在我们开始探讨这些杠杆的关键之前，我们需要涉及一些在思考改变的过程中，我觉得是有帮助的问题。

首先，结果是不可以被管理的，它们是管理完成后的结果。例如，你不能简单地降低成本。相反，你通常需要将重点放在管理过程和资源利用率上。为了增加收入，你也许会关注市场、销售或价格。为了提高质量，你几乎总是从流程、可塑性或产品设计开始。最后，为了提高利润，你需要降低成本或增加收入，反过来这意味着要管理利用率、流程、营销、价格、可塑性和产品设计。太多的人试图去管理结果，而不是将他们的努力投入在驱动这些结果的因素上。

其次，审视新方案的范围是很重要的。变革推动者，可能会把他或

她的注意力限制在阶段改变上：企业再造过程、渐增的利用率或增加的价格。例如，他们会把注意力集中在转型变革上：改变竞争基础、创造价值、简化过程划分或减少产品和操作的复杂性。

最后，如果能做到仔细设计、开发和实施，任何工作计划都可以提供可持续的结果。但是很多时候，公司和变革推动者更倾向于关注日常项目，比如提高生产力或降低成本。这样的努力很少能带来可持续的好处，因为一个计划通常只是一个长期问题的短期解决方案。

在这一章中，我会给出增量和转型变革计划的案例研究的示例，而在下一章中，我会回顾一个开创性的转型变革计划。

第二章　变革推动者的工具箱

第一节 挑战价值主张

> 我们必须保留以顾客为中心的价值主张，让星巴克带给他们与众不同的体验。这是关键所在。
>
> ——霍华德·舒尔茨（Howard Schults）

对任何公司来说，最能带来持续性发展，但也最少为人所追求的高杠杆机遇，通常就是挑战和改变其基本价值主张。许多公司甚至都没有明确表示过它们的价值主张是什么，仿佛公司的价值主张并不用说明。

价值主张解释了公司存在的理由。比如提供什么产品、什么服务，向哪些客户提供，又如何为客户带来切实价值。价值主张是具有战略性的，需要做到精确、具体，且与他人相比独具特色。正因如此，价值主张的确立必须以外界为中心。

一般而言，一旦形势发生变化，公司的价值主张就会过时。想想在亚马逊之后的巴诺书店，陈旧的传统实体企业的价值主张阻碍了他们与亚马逊之间的有效竞争，它必须得到转变。一个公司的价值主张需要不断经受挑战，并有效地进行改变。

进化:
30个案例详解
组织变革

我们创造价值了吗

1992年,也就是我们成立"米德点小组"不久后,万豪国际酒店集团高级策划副总裁汤姆·卡伦(Tom Gurren)打电话给我,说他们的运营单位需要外部帮助。当时我和汤姆已经合作了六七年,我们之间有很深的合作情谊。

在美国康涅狄格州的埃文镇,我和我的搭档斯蒂芬·鲍姆拜访了托尼·阿里布里奥(Tony Alibrio)。他是万豪国际酒店集团医疗保健部门的负责人,见面地点在他的办公室。托尼的工作是依据合同为整个北美地区的医院提供食品服务管理,在当时,他的业务已经能创造多达20亿美元的年收入和30%的毛利率。

我记得托尼说过"我需要知道,我们能否为客户提供真正的价值",当时我深感震惊。如果一家医院与他们签订合同,万豪国际酒店集团会提供一个包括现场管理人员和营养学家在内的管理团队,并派遣负责为医院提供日常食品服务运营的支持人员。医院则提供厨房,利用集团提供的全国通用的大幅折扣价购买食物,同时也雇用钟点工。万豪国际负责的只有管理运营,但每月可凭此收取一笔不菲的健康费。

托尼想知道,他们为医院创造的价值是否大于向医院收取的费用。"如果事实并非如此,"他说,"那我最好是全世界第一个知道这件事的人。"这是我曾被客户问到的最大胆直接且最具有前瞻性的战略问题之一。他认为他们提供了价值,但却无法证实这一点。

第二章 变革推动者的工具箱

我们提交了一份计划书来说明我们将如何证明万豪国际酒店集团的价值主张，经托尼批准后工作开始了。项目持续了3个月左右，在此期间，有2名万豪国际的员工被分配到我们这里，从事全职工作。我们首先在公司的客户名单中选取了10家已购买食品运营服务的医院，又选取了10家自行管理食品服务运营的医院，将它们作为基础，比较两个不同管理团队所创造的价值。

因为我曾经参加过以患者为中心的医院的创建工作，在此过程中认识了美国各地的大型医院的首席执行官。如果最终能分享研究成果，大多数人都愿意参加这种跨机构的分析研究项目，因为他们很想知道该如何与同行竞争。当然，我们同意了他们的请求。

在进行各种分析时，我们并没有费时费力地深究细节问题，而是以每家医院的食品开销记录、劳动力成本、劳动时长、劳动力利用率、菜单供给、营养计划和患者满意度调查，以及相关的绩效与效率指标为基础来进行分析。而后，我们对数据进行了标准化操作，以便比较不同规模大小的医院的绩效。最后，我们又调整了数据，解释了样本医院不同院区的名义工资率和其他要素成本的差异。（比如，纽约的食品服务工人每小时的生产量多于佛罗里达州莱克兰市的生产量。）我们还与接受调查的20家医院里的管理人员、营养师和员工进行了单独访谈。

这次调查分析的结果很清楚。对于托尼提出的问题——我们是否为客户提供了可衡量的价值，答案是有时有，有时没有。就成本和服务质量而言，在我们所研究的接受万豪国际酒店集团管理的所有医院中，有70%的

表现超过了自行管理的医院,但其余30%的表现远低于它们原本自己能达到的水平。

根据定性访谈,我们得出了导致绩效不佳的原因:现场团队的质量,尤其是经理的能力。如果经理能力够强,绩效通常会很高,也能为客户创造真正的价值。如果经理能力不足,那绩效就欠佳,且无法创造任何价值。鉴于依据合同进行服务管理的性质,我想这并不奇怪。但对托尼和他的团队来说,这样的结果让他们不敢相信。

这促使他们反思了许多内部流程。他们大改招聘流程,使之更加严格,并招收了更多直线管理人员。他们重新重视起针对前线管理人员与监察主管的培训计划,并开始定期收集每项客户端操作中的绩效指标。这类似于我们在调查分析时用到的方法,然后为收集来的信息创建一个系统,按照公司目标对各家医院的绩效进行基准衡量测试。最后,他们还开展了一个更为严格的计划,主动识别并罢免了绩效不合格的地方管理人员。

这是另一个试图管理产出却徒劳无功的例子。我们向托尼提出了这样的观点:对任何操作的本地管理,是影响其理想成果实现的唯一实质性因素。正是这些地方管理人员,决定着万豪国际的价值主张能否被实现。

在我们为万豪国际酒店集团工作的时候,发生了一件趣事。当我们向托尼·阿里布里奥提建议时,他猜测道,根据我们收取的专业费用来看,斯蒂芬和我的年收入和他差不多。他说这没什么问题,但令他困扰的是,不论万豪国际酒店集团能得到多少利益,我们都能得到酬劳。而他的一部分薪酬却来自年终奖,只有达到预期目标、完成绩效指标才行。我告诉

第二章 变革推动者的工具箱

他，我们会讨论这个问题，再给他答复。

在返回格林威治镇的路上，斯蒂芬和我谈起这件事。等到了办公室，我打电话给托尼，询问万豪国际酒店集团评算奖金的流程。他告诉我，部门主管的奖金标准是他们基本薪资的20%，但如果他们的年度绩效超过指标，就可以获得高达40%的奖金。于是我向托尼提议：托尼可以将我们薪资的20%交由第三方账户保管，直到拿到年终奖金。如果他拿到了奖金，我们就能拿到这笔钱。如果他的绩效没达到指标，我们的薪资就按相应比例扣除20%。但如果他超出了指标，我们的薪资就按相应比例增加20%。他回复说，这种做法对我们不公平，因为我们并不会影响他的大部分工作和绩效。我告诉他，想成为合作伙伴，就要彼此相信对方能做好本职工作。如果他愿意信任我们，我们很乐意报以信任。"好，如果你们愿意，那我也一样。"他回答道。

在我们完成工作的3个月后，托尼打来电话，邀我们共进晚餐，他说有一些想谈的问题。之后，我们如约会面，并在晚餐时有所讨论。当我们喝着餐后咖啡时，托尼说他最近拿到了年终奖金，并且很高兴地告诉我们，他拿到了基本薪资40%的最高额，然后从西装外套口袋中取出一张支票。"这是给你们的。"他说。这是我们存在第三方保管账户中的那20%薪资的两倍。托尼给我们发"奖金"的时候满脸笑意，我们握了握手，又点了份饮料庆祝。

我记得最开始我们的项目费用是40万美元，也就是说托尼收回了20%，即8万美元。到最后，我们又把8万美元翻了一倍。这笔交易划算极了！

改变游戏规则

2002年,也就是我退休两年后,我接到了好朋友罗恩·德雷斯金(Ron Dreskin)的电话。他也是一位管理顾问,曾在纽约一家大型的学术医疗中心担任高级主管,是我的同行。20世纪90年代中期,他决定辞职创建自己的咨询公司——综合医疗保健方案公司(Integrated Healthcare Solutions),业务主要面向医院及医生团体。

罗恩曾接到一个世界顶级心脏外科医生埃里克·罗斯(Eric Rose)先生的电话,他当时也在曼哈顿的哥伦比亚长老会医院担任外科部主任。他想与罗恩讨论一个重大战略问题:哥伦比亚长老会医院的心脏外科团队,如何才能把他们的知识转化为资本?罗恩觉得在这件事上应该找个帮手,就问我是否愿意与他合作。"我听你的!"我回答道。

我们多次与埃里克见面探讨这个项目。他的问题很简单,他不知道如果收入仅仅来源于按保险公司或美国国家老年人医疗保险制度的指定费率进行补偿的外科手术治疗,那他该如何把哥伦比亚长老会医院心脏外科团队以及哥伦比亚医学院心脏外科学院的卓越成绩保持下去。尽管他的外科团队经常在临床医学方面有新突破,而且他的医院能提供最先进的医疗护理,但他的医院及外科医生们得到的报酬基本上不会多于同地区的一家小型社区医院。"如果我们继续拿着以英镑计数的报酬,我不知道该如何继续进行工作。"他说,"尤其是,我们的成本必然比小型社区医院要高。"像哥伦比亚长老会这样的医院的成本会很高,因为他们要承担医学研究及教

第二章 变革推动者的工具箱

学任务,而且他们接收的患者也普遍需要更加细致周到的照顾。

埃里克同意了我们第一阶段的工作提议,并与另外两名外科医生组成了一个工作组,参与并监督我们的工作。从过去到现在,克雷格·史密斯(Graig Smith)医生一直都是世界闻名的心脏外科医生,他挂名负责哥伦比亚长老会医院的心脏外科部门。穆罕默德·奥兹(Mehmet Oz)先生也是世界知名的心脏外科医生,人们经常可以在美国一档备受好评的电视节目"奥兹博士"里见到他。埃里克、克雷格和穆罕默德,将与我们一同开展这个富有挑战性和刺激性的项目:哥伦比亚长老会医院和哥伦比亚医学院,该如何将心脏外科团队所掌握的大量智力资源及专业知识转化为资本,从而改变他们基本的运营经济学模式。帮助他们破解这个问题真是件令人兴奋的事!

我们开始分析构成心脏外科手术工作单元的一切内容:工作量、收入、成本和成果,然后我们试图把所有要素放进同一个竞争环境当中。出于医疗保险报告的需要,我们的研究围绕着医院行业现有的大量数据,从中我们可以看到医院之间是如何竞争的。

哥伦比亚长老会医院的工作量、收入和成本,与纽约地区其他主要医院相比基本平衡,这是我们能预想到的。但考虑到他们的外科主治医生都有良好的声誉,我们希望他们取得更优越的成果,然而这一点并没有体现出来。尽管他们的成果非常好,但表现并没有明显优于其他的大型医院,无论是纽约地区,还是就美国全国而言。然而,作为一个团体,大型医院的产出成果确实比小医院更好。

接下来我们考虑了他们所说的智力资本，并试图整理清楚哥伦比亚长老会医院外科医生们开创并发展的专业知识与独特技术。由于医疗行业中司空见惯的信息共享行为，我们很难将他们的贡献单独挑出来加以区分。但我们能将这些努力集中起来，从而取得令人满意的进步。

最后，我们委托其他人对美国心脏外科手术市场及哥伦比亚长老会医院的声誉进行了市场调查。不管以什么标准衡量，他们都享有很高的声誉，且民众普遍认为他们是美国国内排行四大或五大心脏医疗团队之一，这很可能是因为他们强大的品牌影响力，以及在该领域做出的卓越贡献。

我和罗恩向埃里克、克雷格和穆罕默德分享了掌握的所有信息，而后我们5个人开始进行头脑风暴。很快我们排除了说服国家老年人医疗保险制度制定部门或保险公司以更高费率补偿哥伦比亚医疗手术的办法，这明显是没有什么成功率的。我们也拒绝为专业技术知识申请专利，而后收费使用。这不仅难以想象，而且人们也会认为在医学领域这是不合适的做法。

经过几次会议和几回错误的开场后，我们偶然发现了一个有希望的办法。我们可以将哥伦比亚长老会医院的心脏护理"系统"，以及哥伦比亚医学院的品牌出售给全国各地的其他医院。以下是我们最终定义的价值主张要素。我们将为客户医院提供5项服务：

（1）由经验丰富的哥伦比亚长老会外科医生在现场提供心脏外科手术年度审核；

（2）在纽约举办季度会议，审核哥伦比亚外科医生及工作人员的新发展贡献，以及他们发现的专业新知；

（3）每年客户医院都有机会指派一名外科医生，在哥伦比亚长老会医院心脏手术室，进行为期6个月的轮换交流，并在一位哥伦比亚医院高级外科医生的指导和监督下进行工作；

（4）针对大多数心脏手术流程及术后护理的书面协议；

（5）允许客户医院为自己加上"哥伦比亚心脏病医院"的标牌。

我们认为这样的服务可以定价100万美元，那每年至少能向每个医院收取200万美元。我们第一阶段的工作就这样结束了，而后我们提出了第二阶段的努力目标。首先，进一步改善已拟定的价值主张，并与多家医院的首席执行官讨论此事；其次，与埃里克、穆罕默德和克雷格一起把它确定下来，尝试将其真正地出售给几家客户医院；再次，制订一个计划，使之转变为一项可持续发展的业务。小组批准了这项附加的工作。

改进工作完成后，我们决定把计划引上正轨。对于吸引有较大可能购买服务的医院首席执行官们，埃里克和罗恩起了重要作用。这些都是以服务和质量著称的医院，只是在规模和利用率方面排名市场第二或第三。它们的首席执行官要有进取精神，并以开放态度接受新型理念。

在4个月里，埃里克、穆罕默德和克雷格把这项服务卖给了4家医院。每份协议的范围彼此稍有不同，但都是原有价值主张的变体。他们每年可从每个客户那里收取150万~200万美元的费用。

也就是说，哥伦比亚长老会医院整个外科部门的年收入是4 000万美元。在减去外科医生、住院医生和实习生的所有薪酬、奖金和继续教育费用之后，埃里克还能留下300万美元供自由支配。心脏外科手术占手术总数的25%，这能给哥伦比亚长老会医院带来1 000万美元的收入以及100万美元的自由支配资金。

通过给这4家哥伦比亚心脏病医院提供服务，哥伦比亚长老会医院每年将收益700万美元，而且几乎不需要增加成本。

为了使这项业务真正可持续发展，我们开始制订计划。预计3年内，他们将拥有35家客户，而这些客户将带来超过6 000万美元的收入，以及50%~60%的毛利率。我们还与哥伦比亚大学合作，在非常有利的条件下拿到了知识产权许可协议。

然而，开展这项业务涉及两个关键点：第一，我们需要创建一个独立的有限责任公司，配备一位有才能且经验丰富的首席执行官。在15%的许可费与25%的企业股份所有权的基础上，我们已与哥伦比亚大学就原则问题达成协议，批准了这项业务安排。第二，我们需要埃里克、穆罕默德和克雷格。他们将拥有有限责任公司的控股权，并将20%的时间投入进业务中，成为公司董事会成员，向客户销售和提供服务。

记得在前面的部分我写道："鼓励人们接受改变是一项艰巨的工作。尽管所言事实不虚，分析又到位，但这依然很难让人们改变他们的方式。"不幸的是，这是哥伦比亚长老会医院的情况。

埃里克·罗斯对自己的定位是被任命为医学院院长的人，这要求他参

第二章 变革推动者的工具箱

加各种各样的私人社交和专业活动。所以即便这项服务是医疗行业游戏规则的改变者,他也不能一门心思贯注在这个机会上。

穆罕默德·奥兹则刚刚开始他的影视生涯。他曾数次出现在奥普拉脱口秀的节目里,人们对他的认知也因此发生了改变。很难说他是否应该离开奥普拉的现场演出,转而投身到这个新商机里。但对于我来说,他留在奥普拉是一件糟糕的事情。

而克雷格·史密斯拒绝成为创建公司的董事会成员的理由最为纯粹,他只喜欢待在手术室里做手术。我觉得这才是他生活的热情所在,能给他带来更多力量,大概到现在也是如此。

哥伦比亚心脏病医院的创新计划持续了几年。但据我所知,现在它已不复存在了。让我觉得有趣的是,在过去的五到十年里,有很多一流的医疗中心都在朝这个方向发展,比如梅奥诊所、克利夫兰诊所和约翰斯·霍普金斯医院。而在2002年时还没有人这样做。

这是一个从头开始创建新型价值主张的例子。旧的价值主张已经无法提供理想成果,所以我们才重新开始。在我的职业生涯中,与其余3位世界顶级的外科医生合作完成工作,称得上是最有趣的智力挑战之一。

太多公司没有对明确价值主张一事予以足够重视。当公司领导说"我希望所有人达成共识"时,这才是他们应该讨论的主题,公司围绕着这个统一基础才得以组建与运营。如果员工遇到了必须立即做出应对的新情况,那么公司的价值主张应该为他们提供所需的指导。

1992年,在万豪国际酒店集团管理食品服务的托尼·阿里布里奥,还没有明确表达其价值主张,那时我们还没开始与他们合作。就算有提起过,大概也是些向医院提供外包管理服务的事情。而我们对他所提供的价值进行量化评估之后,他提出了这样的价值主张:"通过招聘、培训,以及发展能力过硬的现场管理人员和营养师,为大型医院提供低成本、高质量且收效喜人的食品服务。同时,经过协商开出业内最低食品价,提供先进的生产力管理工具。"

哥伦比亚心脏病医院的案例研究也是一个好例子,它表明在旧的价值主张过时或不可持续时,要制定新的价值主张。他们新的服务产品是以其核心竞争力和独特竞争地位为基础的,正因如此,他人难以复制。与此同时,它还带来了传统商业不可能实现的经济增长和利润。

明确并遵守公司的价值主张对业务的成功至关重要,公司就是凭借其价值主张来定义自身的。用一位曾经的同事的话来说:"少数至关重要的事务总会从大多数琐碎的事务中被分离出来。"因此差异化竞争才显而易见,它应当是具体明确且具有约束力的。用另一位同事的话来说:"战略制定的主要关注点在于决定你将'不'做什么。"一个精心设计的价值主张就该是这样的。

第二节 制定组建原则

> 我不想用"重组"这个词,在我看来"重组"就是拖着盒子换个位置。而转型意味着从根本上改变团体的思维方式、回应方式和领导方式,这比单纯玩盒子要复杂得多。
>
> ——卢·格斯特纳(Lou Gerstner)

根据定义,组织是围绕着关于组织的基本原理而建立的。从历史角度来看,大多数制造密集型公司都是按不同功能构建起来的,如工程、采购、制造、营销、财务、人力资源,而分发、营销和服务密集型公司则通常按地理位置来分组,如东部地区、西部地区、中部地区。这些组织的基本构建原理问题在于,它们的关注点在企业内部,而不考虑客户需求和与之相关的实施流程。

通常来说,一定会有更有效的方法来组织公司。规模最大、最成功的专业服务公司——会计公司、法律公司和管理咨询公司,如今通常是由行业内的客户组建的。例如,隶属全球金融服务行业的花旗银行的客户。他们的主要竞争优势是重要客户关系以及深厚的行业经验,而这些往往会被

以地理位置为基础而构建的组织所忽略。

其他公司则是按产品或工作能力组建起来的——电子组装部门、电子元件部门或软件开发部门。这使其设计可以关注客户的独特需要，并在与客户的紧密联系中保持其销售能力。

使公司的组建原则与其价值主张保持一致极为重要，因为以客户为中心的设想常会失败，除非对客户不给予关注的组织结构得到改变。

最初的10分钟

自从搬到博思艾伦的亚特兰大办事处后，我的工作重心逐渐转移到服务行业。随着这一关注点的出现以及独特的实践领域开始发展，我决定效仿万豪国际酒店集团的一些经营模式。万豪国际酒店集团是一流的服务公司，且有一位卓越的领导者。它是全球性的，规模很大，也运营得很成功。在20世纪80年代中期，我遇到了万豪国际酒店集团的规划部高级副总裁汤姆·卡伦（Tom Curren），我们一拍即合。汤姆是麦肯锡公司的前任合伙人，所以有很多精彩故事可以与我分享。

虽然万豪国际酒店集团不是我们外部咨询服务的大客户，两家公司之间也没有与之相关的工作即将开展，但多年来我依然与汤姆保持着良好的朋友关系。我因为工作待在华盛顿特区的时候，总会和汤姆聚餐见面。最终在1988年，也就是我第一次与他见面的4年后，汤姆打电话告诉我，万豪国际酒店集团有个部门需要一些外界帮助。

我邀请了我的合伙人斯蒂芬·鲍姆一起，安排了一次与几位来自万豪国际酒店集团的高级执行官的会面。酒店就像祖传珠宝那样，是他们公司的核心业务。

对于整个运营链中的系统化运营成本、资源利用水平和系统范围内的客户满意率，他们有些担忧。我们建议选一家有代表性的酒店，进行一次大范围的运营和服务诊断。这项诊断包括对酒店历史绩效和组织结构的分析，以及对目标团队和市场的调查。他们同意了，也批准了我们在会议之后递交的提案。

他们当时选择了一家位于马萨诸塞州牛顿市的酒店，这家酒店在各个方面都具有代表性：管理、需求、收入、成本、服务水平以及附加产品。斯蒂芬和我召集了一个团队开始工作。

我们从一系列常规的内部诊断分析开始：房间、餐厅和酒吧收入；劳动力、物资供应和日常开支；需求趋势和循环周期；组织结构和控制范围。我们还查阅了该酒店针对历史客户满意度进行的调查，尽管这些调查十分笼统，在很大程度上没有任何帮助。

直到我们组建了一些焦点小组，才有了一些可靠的判断。显然，客户在考虑入住时会自发分为两组：商务旅行者和休闲旅行者。就性质和重要性而言，两类客户的需求和愿望大不相同。

顺着这个思路，我们又进行了一些定向的市场调查，最后得出了一些有趣的发现。商务旅行者占这家酒店客户需求的80%，他们最关心的是以下6个问题，按重要性大致排列如下：

· 这家酒店我预订了吗？

- 有空房间能住吗？
- 是我要求的那种吗？
- 当我到达房间时，房间是否被清理过？
- 房间里有干净毛巾吗？
- 电视和电话都能正常使用吗？

休闲旅行者则有一个截然不同的列表：
- 这家酒店我预订了吗？
- 他们有游泳池吗？
- 他们有酒吧吗？
- 他们有礼仪服务人员吗？
- 他们是否有为孩子准备的游戏室？
- 餐厅怎么样？

令人惊讶的是，商务旅行者主要关心的是他们到达时的实际情况，而休闲旅行者最关心的是他们在逗留期间能享受到的各种服务。对商务旅行者来说，酒店是达到目的的一种手段；对于度假旅行者来说，这本身就是一个终点。

现在，让我们来看一下酒店的组织系统图，看看它是怎样匹配顾客需求的。首先要注意，在图2-1中展示的是一个典型的职能性组织。很多业务操作都是用这种尝试达到最大利用率和效率的方式组织的。但不幸的是，这样的组织原则很少能与基础的商业价值定位相匹配。

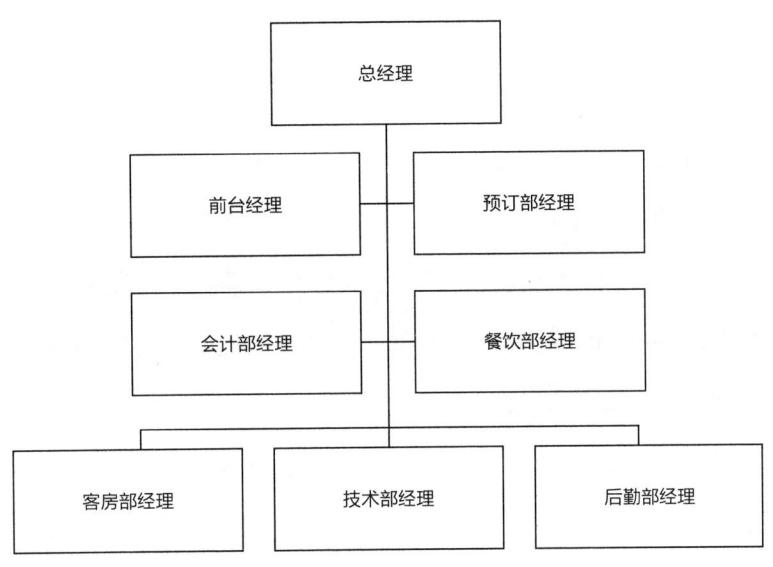

图2-1 组织系统图

然而这家特别的酒店没有独属于自己的价值定位，如果我要来为酒店定义，它会是："为前往牛顿地区的商务旅行者提供高效、可靠、优质且价格合理的住宿。"可靠性可以定义为：一贯追求符合酒店商务旅行者的需求和期望。在这里需要注意，我排除了休闲旅行者，因为他们只占整个需求的20%。让他们感到愉悦的确很重要，但它不是战略上必要的事。

现在，回到商务旅行者的关注点和问题清单。在客人到达后的10分钟内，这6件事要么发生，要么不发生。4位部门经理参与决定是否满足客户的期望。如果没有预订：预订部经理；没有房间或者房间错误：前台经理；房间打扫和毛巾供应：客房部经理；电视和电话：技术部经理。正如他们所说，如果每个人都有责任，那每个人都能推卸责任。

基于隐性的价值定位，我们想出了一个完全不同的组织和运作酒店的方法。我们开始创建一个新的职位：主管前10分钟的副总裁。员工们须向这位副总裁报告为了满足客户期望所需用到的一切资源。很明显，预订部门和前台是必须设置的。我们也会把客房部分成空房间客房服务（那些为新客户准备的房间）和遗留房间客房服务（那些为暂离客人清理的房间），每组的标准和时间要求是非常不同的。把他们结合在同一个部门会不可避免地产生问题和导致妥协。

我们也重新设计了与前10分钟到达有关的所有过程。在预订扩大和改进期间，要获取这些信息。例如，我们增加了一个新要求："您觉得您将在什么时候到达呢？"很多客户会在预订的当天飞到波士顿，他们期望到达酒店的时间是在50分钟之内。

我们坚持前台在为顾客办理预约时，不要问任何已经问过，或者本可以问但没有问的问题。这样一来客户在抵达之后就没有必要去前台登记了。

这是整个过程的工作原理。早上，预订组会给负责客户抵达的客房部主管一份当天会抵达酒店的客人名单，上面有他们预计到达的时间，以及他们的初步分配的房间。然后主管会部署其员工以确保在正确的时间会有正确的房间准备好。基于一些晚离开的客户和其他时间上的问题，初步准备的房间会在当天更换。

下午，负责客户抵达的员工会在客人预计到达前几个小时，开始为他们办理入住手续。员工们会准备好钥匙卡，并把它们放进信封里，每一个信封上会清晰地印着到达客户的姓名。员工们也会注意客户是不是曾经来过的顾客，上一次他们入住的时间。然后，员工们会检查每一个已分配的房间以确保房间已经打扫干净了，一切都很正常。

下午晚些时候，客人会陆续抵达。一个穿西装打领带的工作人员会在大厅中央迎接客户，接着他们交流起来。

"不好意思，打扰一下。"工作人员说，"你是今天到的客人吗？"

他们的行李通常是毫无用处的赠品。"对，我是。"

"我可以问下你的名字吗，先生？"

"丹尼尔·安德鲁斯。"

"请稍等一下，安德鲁斯先生。"然后这位工作人员走向一个附近的架子，找到装着客人钥匙卡的信封。

"欢迎回来，安德鲁斯先生。我们很想念您。您今晚会住在603房间。这是一间可以俯瞰湖景的豪华客房。电梯就在您的身后。您需要我帮忙提包吗？"

客人不用排队，不用经过前台，不用信用卡，就可以直接乘电梯到达他们的房间。5分钟之后，工作人员会打电话到房间，询问客人是否一切都令他满意。当然，其实3小时之前，工作人员就被告知房间已准备就绪，十分完美了。

负责前10分钟的副总裁，以及他的预订部、抵达部和客房部的工作人员拥有所有必要的资源来确保99%的客人完美到达。没有组织竖井——即不与其他部门共享信息、工具、优先级和流程的部门或管理组，没有竞争的问题，没有无力的权威，副总裁有真正的权力。副总裁的业绩评估包含客户满意度，以及其他直接针对管理客人到达后10分钟内提供服务的有效性和影响的测量，包括到达流程的准确、回访客户的参观和入住率等。

改组和流程重设的过程还包括许多其他要素，但其中这一部分最为有趣。在他们测试、调整和试验这种新方法的时候，我们继续在牛顿的酒店工作。他们取得的成绩令人吃惊。顾客的满意度飙升，人工费降低。商务旅行者的回头率更高，入住率也开始显著提高。

万豪国际酒店集团的高管们，包括比尔·马里奥特（Bill Marriott）自己，都对这种新方法感到激动，他们创建了一个内部团队来监督这种改组方式在整个美国东北部地区的实施情况。比实际的组织架构和运营过程本身更重要的是，无论是隐性的还是显性的，它们都与客户的期望和酒店的价值主张保持一致。

催促

从2007年到2010年，我很荣幸能在施乐集团联盟计算机服务有限公司（ACS）的董事会任职。这是一家全球外包商业流程和技术服务的提供商，它的客户数量庞大且类型不一，提供的服务也多种多样。例如，美国公路电子收费系统（E-ZPass）由ACS公司设计、执行和管理信息系统，管理所有记账和收账的过程，负责所有客户服务的运营。E-ZPass公司是一家每年给ACS公司百万美元的客户。ACS公司在世界各地还有许多其他收费客户，它为这些客户提供类似的服务。

联邦医疗补助制度，是美国一个以州为基础的医疗保险计划。ACS公司与大约30个州签订了服务合同，接收和处理所有索赔、计算工作，履行所有客户的付款。这些客户总共产生了约3亿美元的年收入。对于其他公司，负责提供外包的网络技术服务，ACS公司则负责提供所有的硬件和软件，并运行客户整个的网络技术系统。总的来说，这项业务产生了超过10亿美元的可循环年收入。

达尔文·迪森（Darwin Deason）于1988年创建了ACS公司，他让这家公司从一个只有少数客户和员工的小企业，发展成为一家价值60亿美元，拥有数千名客户和75 000名员工的全球性企业。直到2010年，达尔文都担任着执行主席的职位，那年我们以80亿美元的价格把ACS公司卖给施乐公司。我认为，ACS公司是我30年职业生涯中曾遇到过的管理得最好的公司，它把真正的价值传达给了客户，而且是以最高效和最有用的方式执行。它的成功显然是被管理人员的思考、管理和竞争中超越对手的能力所驱动的。

ACS公司的组织架构会促进，而不是阻碍其成功。我一直认为达尔文组织公司的方式是自下而上，而不是自上而下的。因为基本的组织构成要素是客户。

以E-ZPass为例：负责E-ZPass的是一个专门的资源团队，为客户提供所需要的各项服务与功能。由于E-ZPass是ACS公司的重要客户，该团队的领导者是一位高级别、高薪水、经验丰富的客户负责人。该负责人手下有三个团队向他报告,一个是专门负责所有操作系统的团队,另一个是负责记账和收账的团队,最后一个则是负责客户服务功能的团队。ACS公司抵制了所有诱惑,将这些功能重组为功能性的组织,尽管这样做很可能会产生协同效应和效率。

较小的客户有一个兼职的客户负责人,只有一两个专门的员工。然后,基于服务的行业和提供的能力,客户被组成了等级阶梯,其收费系统如图2-2所示:

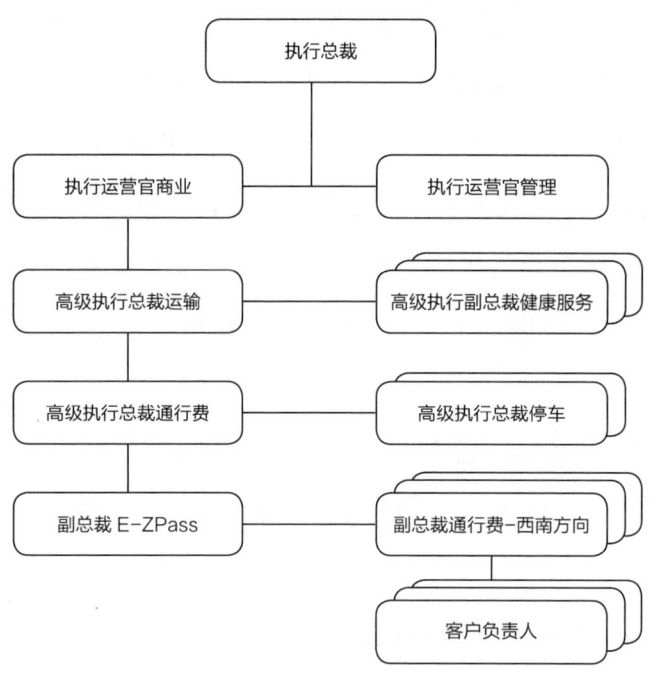

图2-2 ACS公司基于客户的组织架构图

这个简化的组织架构图离真实的ACS组织并不远。75 000名相关人员被分为6个管理阶层。除了法律、人力资源、财务等多方面的日常管理职能之外，公司都是围绕客户建构的。

被要求递送给客户工作的95%的资源都是直接嵌入客户团队中的，这样的架构使ACS公司能够在客户层面衡量盈利。正如我在文章前面所说的，我不是一个喜欢分配成本的狂热粉丝。可是如果直接成本超过总成本的95%，那情况就很糟糕了。管理层每个月都会评估每个客户的盈利能力，那些亏损的客户经理真是令人同情。

但也有例外，有时他们会因为设计而亏损，比如把对客户进行投资作为业务开发计划的一部分。尽管如此，每一个没有盈利的客户会被列在一个清单上，清单会被包括执行总裁在内的各级管理层审核。客户负责人有7天的时间提交一份具体的计划：首先，向大家解释发生了什么；然后，他们将如何回到盈利的状态；最后，他们将如何回到目标的盈利能力。无论是大客户还是小客户，执行总裁和执行运营官都熟悉这些计划，因为这些计划会经常性地在董事会上被讨论。

这种以客户为中心的组织架构，另一个结果是一种聚焦外部、基于责任的文化。达尔文·迪森喜欢把它称为"催促"。当我上午7：30去总部参加董事会会议时，停车场已经快满了。当我晚上7：30离开的时候，停车场仍然几乎是满的。在很大程度上，这是由根植于企业文化中的强烈的个人责任感所驱动的。

这样强烈的责任感也因薪酬体系而得到强化，这个薪酬体系可能是我

见过的最好的薪酬体系之一。按照计划，ACS公司每位主管人员的基本工资都不会低于同行薪酬水平的5%——这是最低标准。但每个人都有一个目标奖金，公司把同行总薪酬中的95%或更多作为奖励发给他们。据说，如果业界标准给财富200强公司首席财务官的年薪是50万美元，而潜在的现金薪酬总额为80万美元，那么ACS公司执行总裁可能有一个30万美元的基本工资，但还有一个奖金70万美元的潜力，这会给他机会，让他能拥有100万美元的薪酬，或者比他的同行高出25%的薪酬。

问题在于，为了获得奖金，公司首先必须实现两个财务目标：收益同比增长10%和净收益同比增长10%。如果公司亏损了1美元，员工们就没有年终奖金了。一旦这些目标实现，每位主管人员的团队和个人目标就会得分，获得奖金。奖金是基本工资的两到三倍也是司空见惯的。但有一年，当我还在董事会的时候，公司总收益只增长了8%，所以没有发放奖金，没有一个硬币。然而我没有听到任何抱怨。这是一种令人精神紧绷的企业文化。

让一个功能上或地理上组织的公司转变为以客户为中心的公司，是一件很困难的事。这种方法本身并不坏，只是它太普及了，且经常被误用，仿佛组织运营的存在恰恰会反对自身。流程不可避免地要跨越多个功能筒仓，这使它更加复杂和广泛，且有多次交接和失败的可能。更糟糕的是，除了执行总裁之外，没有人能对结果负责。

万豪国际酒店集团的个案研究提供了一个很容易且令人愉悦的例子，那就是组织要围绕一组离散的客户及其需求进行。尽管它挑战了许多关于如何组织和经营酒店的传统思维,但它确实奏效了,而且顾客们欣喜若狂。ACS公司的个案研究突出了一个真正的成功故事。正如我所说,ACS是我见过的管理得最好的公司。在我看来,它成功的最大推动力,就是以客户为基础的组织。资源能够得到有效部署,这些资源的利用率很高,岗位职责也很明确,问题很快就可以暴露出来且得到解决。而且增长计划更多是典型的自下而上型的,而不是自上而下型。也就是说,他们更有可能扩大在现有客户中的存在感,而不是定义和开发新服务和新市场。如果你的组织似乎在不断地与自己斗争,而且公司是聚焦内部的,那就试着围绕客户进行重组。这通常需要一个变革推动者成为一个真正引人注目的鞭策人!

第三节 简化流程

问题的出现,可能是因为流程步骤过多、过少或有错误。同样地,计划顺利开展,是因为在正确的时机使用了正确的资源(人员或系统)。而决定因素是什么呢?这又是一个流程。

——米赫内亚·迦拉提努(Mihnea Galeteanu)

改进流程的计划就像教人们如何钓鱼,而战略地图和记分卡会教人们去哪里钓鱼。

——罗伯特·S.卡普兰(Robert S. Kaplan)

一般情况下,我们把"流程"定义为"针对某个目的而展开的一系列系统性的行动"。让我们对这个定义进行拆分。首先,一个流程是系统性的,这意味着它有计划且有序。换句话说,它是有条不紊的。其次,它是一个系列,有多个步骤。这一步引向下一步,接连不断,秩序井然。再次,这些步骤都涉及行动,它们会被执行或完成。它们是具有主动性的,而不是被动的。最后，它们会引出一个结果。这些行动都有一个目的，执行它们是为了完成某件具体的事情。

商业通过流程得以运转，它们是公司内部员工完成一切事情的方式。如果没有一个或多个采购流程，就无法购买任何东西。如果没有招聘流程，就无法聘用任何员工。如果没有工资流程，员工将永远无法得到报酬。工资流程可能会很复杂，涉及许多人，涉及一系列政策，还有与复杂计算机系统之间的交互活动。如果不是这样的话，首席执行官可能会直接去银行拿些现金，然后走在过道上分发100美元的钞票。无论是用哪一种方式，都存在着一个工资流程。

我提出这个愚蠢的例子，是为了强调流程是一切事情得以在公司完成的基本方式。正因如此，它们常常为企业改进操作和提升客户满意度提供可能。

不仅如此，流程也是任何变革尝试的主要焦点。从基本业务流程开始，了解它们，计划它们，衡量其匹配性，为它们计时，并了解执行它们需要用到的资源。它们将指引你找到想要的绩效杠杆。

生菜的一天

1989年，我接到罗伊·罗杰斯快餐连锁店的首席执行官唐·托马索（Don Tomasso）打来的电话。万豪国际酒店集团于1968年创立了这个连锁店，到1989年，它已在整个大西洋中部和美国东北部拥有了648家店面。但唐·托马索对这项业务的绩效感到担忧，他知道商店运营的效率正在下降。（注：在美国快餐行业中，餐馆被称为商店。）

在马里兰州贝塞斯达市，唐·托马索的办公室里，我与他见了面，并谈到了他的担忧。虽然该行业在20世纪80年代变得在价格上更具竞争力，但罗伊·罗杰斯的利润率却一直呈下降趋势。因为生产力持续不变，所以无法通过上调价格来抵消劳动力成本的增加。

我介绍了我的工作背景和经验，并解释了将用何种方式进行工作以及我所期望看到的结果。唐·托马索要求我上交一份提案。我在一周内写完了，然后再次和他见面一起看提案。提出问题并经过讨论后，他批准了。

我组建了一个由3名全职服务运营人员组成的团队，然后开始了工作。我们收集了大量的历史数据——生产力、劳动力费率、质量、需求、收益和成本，并对它们进行分析。

然后我们选择位于华盛顿特区的4家商店进行深入研究，在每家商店都花了几个星期的时间，仔细观察其运营方式。我们看着工作人员接受订单、制作汉堡、炸薯条，还有其他一些所有快餐店员工都会做的事情。

我清楚记得，有一次我在午餐高峰时段站在一家商店的偏僻角落，每隔几分钟，都会有员工碰到我或碰到其他员工，因为他们来去匆匆。我开始密切注意这一点，而后发现他们通常会从商店背后的步入式冷藏柜或冷冻室里取回冷藏或冷冻食品——汉堡肉馅、生薯条、生菜、西红柿和奶酪，这就是他们多次往返的原因。我开始记录这项活动的频率和持续时间，得出的结论是：每个员工大约会将15%的工作时间用于从一个地方走

第二章 变革推动者的工具箱

到另一个地方。

我们紧盯这一点，并花了大量时间记录下每家商店的工作流程。我们越来越确定，妨碍劳动效率的因素之一就是商店的基本布局。在这些商店的后部有一个非常大的制冷系统，而食物就整天在冷藏室和冷冻室里被拿进拿出。

仅仅因为有趣，我请团队调查，生菜从罗伊·罗杰斯的地区食品配送中心的冷藏室运送到每家独立的罗伊快餐店，最终放在芝士汉堡上递给顾客的过程。大量生菜被储存在罗伊配送中心的一个大箱子里，根据特定的罗伊商店补货订单，仓库员工会在半夜挑选一些生菜头放入装运箱。这个箱子将被运送到装运集结区，在那里商店的订货商品会在几个小时装载完毕。所有订货商品将在上午7点被装载到冷藏运输卡车上，其中还包括其他5家商店的订货。等到7点45分，卡车就准备出发了。

送货卡车会在每天上午11点30分左右到达商店。由于午餐时间刚开始，货物从卡车上取下后就放入商店后面的接收中转区。所有事情就这样进行着，直到下午1点30分用餐高峰结束，会有专门的人员把所有东西从中转区送到冷藏室。生菜将被放入冷冻室，因为冷藏室总是满满当当的。

等到下午，经理会让一名员工去切生菜。员工从冰箱中取出10个或12个生菜头，带到商店后面的准备桌上，用电动搅碎机切碎生菜后放入塑料袋中，并将袋子放进不同箱子里，最后将箱子放入冷藏室。

在晚餐高峰之前，经理会指示工作人员为厨房里的食物装配站补充货源，有人会在容器里装满一堆切碎的生菜，然后放在装配线上。大概晚餐的时候，员工在那里用它来制作三明治。

我要求团队做出一张清晰的图，来展示一天之内生菜如何在不同温度区之间被传送。他们的作品请见图2-3。

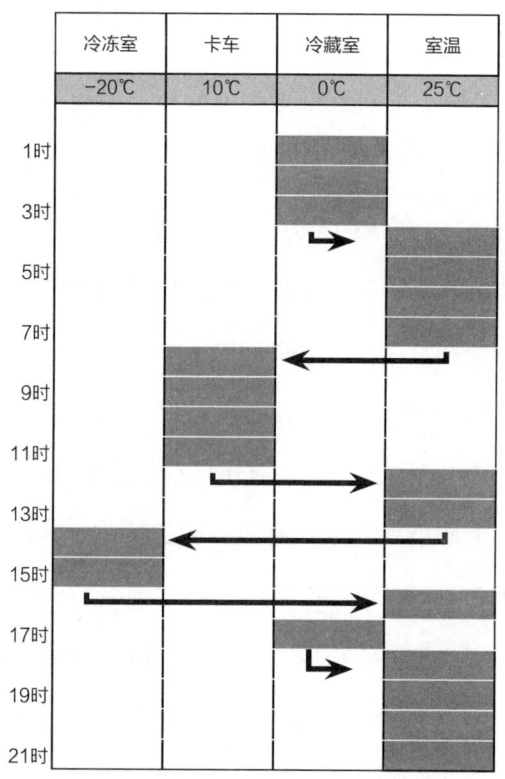

图2-3 生菜的一天

当我们把这张图展示给唐·托马索和他的管理团队时，他的反应很有趣："难怪这些东西那么难吃！"

唐·托马索更改了这项工作流程，以提高产品质量。他让商店经理在货车抵达时直接将送达的冷食放入冷藏室，减少装配站的补给量，与此同时增加配给频率。你是否注意到罗伊·罗杰斯汉堡的味道有所改善呢？

不可否认的是，这个事例并没有为罗伊的营业利润率提高20%做出什么贡献。但是，像这样的流程图是诊断分析的关键因素，它能推动结构改进，也确实提高了利润率。

其他章节中还展示了更丰富、更具实质性的过程简化案例。但是无论它们多么简单，这个案例一直是我每次举例的首选，因为它清楚地展示了一张图片如何胜过千言万语，实在令人难忘。

欢迎回归！

在本章第二节中，我介绍了我们在万豪国际酒店集团旗下的一家酒店的工作内容，以及如何以客户的一系列期望为中心，重新安排酒店的关键业务运营。我简要介绍了登记流程，但尚未进行详细分析，而下面这个案例研究将会详细探讨。我选择这个例子，并非因为它是我职业生涯中做过的最重要或最有影响力的事情，而是因为所有有入住酒店经历的人都会真切感受到这一点。

我们的工作开始于通过观察和面谈，彻底了解登记办理手续。而后，我们绘制了一个典型的流程图，我将以一种新颖的形式，在图2-4中分享这份流程图。我没有采用常用的方法，即简洁描述工作步骤，将其显示在与前后工作步骤相联结的框中。相反，我会通过提供前台工作人员和抵达的

客人之间发生的对话来描述这个过程,并用斜体附加上我的反应和评价。

这个过程花了10多分钟才完成,其中包括两次中断。这不但令人失望,有时还会引起顾客的担忧:他们是否弄丢了我的预订单?我能睡到特大号床吗?最糟糕的是,除了客户在预订时提供的信息之外,酒店不会向客户询问任何其他信息。

在重组工作的领导下,我们重新设定了这一流程。我们制定了一条不可侵犯的规则:不得向客户询问任何有可能在预订过程中得知或已经得知的信息。于是整个过程都消失了,只留下两个问题:"您要办理登记手续吗?""请问您的名字是?"这让我们得以撤掉一整套前台登记手续,并进行客人抵达的准备工作,正如第二节中所述:负责抵达的客房服务人员根据客人的预计抵达时间优先安排客房清洁工作,并在客人抵达前进行检查,确认客房已准备就绪之后,他们迎接抵达的客人,询问姓名,分发钥匙,并询问他们是否需要帮助。

> "您好,欢迎光临万豪国际酒店。请问您是要办理登记入住吗?"
> "是的。"
> *不,其实我是来给我的房子筹钱的。*

> "请问您的姓名是?"
> "丹尼尔·安德鲁。"

第二章 变革推动者的工具箱

> 固定电话响了，工作人员接电话。
>
> "这里是前台，请问您需要什么帮助？"停顿。"是的，但餐厅要等晚上10点才开放。"停顿。"不客气。祝您度过一个愉快的夜晚。"停顿。"再见。"
>
> *这就发生在登记流程开始之前。*

> 工作人员登录数据库，找到预订信息。
>
> "找到了，这里显示您预订两晚的豪华商务间。"
>
> "是的。"
>
> *这就跟我向他们预订房间时说的一模一样！*

> "这是您第一次入住我们酒店吗？"
>
> "不，去年每个月我都要来这里两次。"
>
> *提醒别人总是好的。*

> "那欢迎您回归。可以再确认下您的家庭住址吗？"
>
> "俄亥俄州利马市，榆木街1214号。"
>
> *这个地址我预订时就给过一次，上周又给过一次！*

> "谢谢，可以给我您的信用卡吗？"
>
> "这就是。"我拿出信用卡。
>
> *又是这样！这张卡我预订时就给过一次，上周又给过一次！*

> "不好意思,请稍等一下。"
>
> 工作人员进了里屋,3分钟后出来。
>
> "不好意思让您久等了。"
>
> *所以她究竟去了哪里?*

> "好了。"她把卡还给我,"您的房间号是603。"
>
> "是豪华商务间吗?"
>
> "我们暂时没有多余的单人商务房了,这是豪华双人间。"
>
> *也许我该去街上另一家旅馆问问!*

> "您需要几把钥匙?"
>
> "一把就好。"
>
> 工作人员拿了一把钥匙放进信封,上面写着我的房间号,然后递给我。
>
> "电梯在您身后右侧,谢谢。"
>
> *也许我真该去街上另一家旅馆问问!*

图2-4 酒店登记流程图

我们也更改了退房流程,虽然这很简单。在此之前,客人只能去前台办理退房手续。我们决定让值夜的工作人员在凌晨4点为要离开的客人办理退房,并将他们的收据放在房门底下。这样一来,只有还有问题的客人才需要去前台。信不信由你,在1988年这还是个新想法。

除了令与我们交谈过的每一位商务旅行者激动之外,这个新点子还有一个好处,那就是降低成本。在我们开始改革工作之前,前台每周从周一到周五配备10名全职员工。在高峰时段,员工超负荷工作,而客人则被迫等待。但我们对流程进行的改革大大减轻了工作量。之前这名值夜员工的工作时间只有25%得以使用，现在有75%都用到了。同样地，当天的工作人员不再需要在早上处理结账量，他们就有时间在下午为大多数抵达的客人做登记。总的来说，新流程能为我们减少30%的前台员工，而且能提高客户满意度。

工作流程图和上一章的X光检查流程图看起来很像。我特意选择本章中的案例研究来展示流程图的非常规制作方法，希望能启发你对流程和流程改造的思考。

关于罗伊·罗杰斯的"生菜的一天"的案例研究，它旨在证明一种用以思考限定时间内，一系列步骤或动作的方法。它还展示了一个用创造性的方法描述事实并进行分析的例子，以便吸引观众且令人难忘。如果我只是平铺直叙地介绍事实，缺乏幽默，管理层很可能就不会参与，也不会采取任何行动。但事实上，他们既参与了又行动了。将万豪国际的酒店办理登记手续的过程以对话方式进行描述，这样所有曾入住过酒店的人都可以联系到自身的经历。同时，这种流程也给客户留下了深刻印象，指导他们精简了前台登记手续，至少在这片地区是这样的。

如果你一直认真阅读，就会注意到这是第二个基于我们为万豪国际酒店集团所做工作的案例研究：第一个涉及组织结构；这个涉及流程改造。像这样的杠杆点往往不是孤立的，而是相辅相成、相互作用的。

根据我的经验，基本的流程改进过程，包含大量提升绩效的杠杆。无论你想降低成本、压缩交付周期，还是提高客户满意度，都要从流程开始。先观察了解它们,然后制作流程图、设定时间、消耗它们,同时还要遵循你的直觉与常识。

哈佛商学院名誉教授鲍勃·卡普兰(Bob Kaplan)在卡内基梅隆大学商学院担任院长一职时,我正在那里读研究生。鲍勃曾说过这样一句话,让我印象深刻,他说:"让能力和内部流程与针对消费者而定的价值主张保持长久一致,是执行任何战略的核心所在。"

第二章 变革推动者的工具箱

第四节 提高利用率

> 我们最大的成本不是能源、服务或人力消耗，而是利用不足。它在所有成本中占主导地位。
>
> ——杰夫·贝佐斯（Jeff Bezos）

公司利用资本创造并交付产品和服务。这些资本也许是固定资本，也许是人力资本。无论产品或服务是否按重量、小时或单位定价，在这个过程中使用的资产构成了公司创造的价值的基础，公司的财务活力也几乎总是被这些资本驱动。

人们通常把"利用率"（utilization）一词定义为"实际地有价值地利用"，而在商业活动中，"利用率"指的是时间的百分率，在这段时间中，资本和资源要实际参与到生产产品和提供服务中，从而创造收益。举个例子，在一个8小时轮班的机械工厂中，如果一个车床闲置1小时，处于设置中1小时，制成零件6小时，那么这个车床的利用率就是75%。这个道理同样也适用于会计人员，他们花6个小时在报税工作上，花2个小时在课程培训上，利用率也是75%。

公司管理他们的资本利用，包括设备以及人员的利用，都是非常重要的。对于大多数公司来说,这是其成功和持续运作的决定性因素。

离开海滩

专业的服务公司,也许是在高效的资源利用上最独立的公司。如果人员利用率太低,那它注定要失败;如果人员利用率一般,那它注定沦为平庸;而如果人员利用率高,那将会为公司成长提供动力和利润。

当我1978年加入博思艾伦的时候,这个教训就变成了现实。很明显,我的个人收费率就是衡量我的绩效与我所做出的承诺的主要指标之一。例如,每周工作40个小时,我能够向付费客户收取费用的比例,换句话说,就是我的利用程度。如果我很有才能,我就会很受欢迎,我的收费率就会提高。如果我的能力不足,想让我参与项目的客户需求就会下降,我的收费率就会降低。

商业合伙人的目标收费率是95%。当能力提高并获得晋升后,这个目标就会下降,先下降到85%,接着就降到75%。但是,即使是高级合伙人,也有50%的目标收费率。人们总是把无法计费的那部分时间花在生产活动上,比如培训、公司发展和销售。但这些活动不会创造收益,就其本身而言,它们只是一种用以达到目的的手段——使其具有可收费性。任何不具备可收费性的人被称为"退休者",就像在海边放松而不是工作。你不会想在海边休假的。

在博思艾伦,我们是按小时收取咨询费用的。我们的小时工资是基本工资的5.1倍。具体来说,一个年薪10万美元的工作人员每小时会向客户收取245美元的费用——10万美元乘以5.1等于51万美元,这些钱除以一年的标准工作小时2080,就会得到每小时245.19美元的费用。

工作人员创造的收益,与其基本薪酬之间的差额不是纯利润。这笔钱将用于支付员工福利、办公室、后勤人员以及其他各种必要的开支。额外的,这笔钱还要用于投资。也就是说,我们的税前利润率通常在40%左右。这些钱会用于各种投资,以及支付合伙人奖金。

在大多数年份中,博思艾伦所有的专业人员有平均85%的收费率。当一个办公室或事务所超过3个月平均收费率大于88%的时候,他们就会雇用更多的工作人员。当他们的收费率在任何3个月期间下降到82%的时候,他们就会积极地解雇边缘的工作人员。

毫无疑问,员工利用率是影响公司利润和合伙人奖金的主要决定因素,因此,管理者每天都会对此进行严格的管理。

这种环境跟我从1993年开始,与另一家专业服务公司合作时的环境形成了对比。博雅公共关系公司是当时世界最大的公共关系和营销传播的公司,它在45个国家设有75个办事处,它是广告巨头扬·罗必凯广告公司最大的子公司。

他们把我留下来协助他们处理各种问题。但最重要的问题是,帮助他们改善财务状况,特别是他们的利润率。多年来,博雅公关的业绩非常不幸地在计划和预期上相对表现不佳。其整体的利润率是2%,而美国的利润率是5%,它在世界其他地区的办事处基本上是收支平衡。扬·罗必凯广告公司希望这种情况能得到很好的改善。

考虑到博雅公关是一家专业的服务公司,它的员工按小时向客户销售他们的才能。我试着去查看的第一个数据是博雅公关的工作人员的收费率。想象一下,当我发现他们的收费率根本没有记录时,我有多惊讶,难怪他们的利润在下降。

我知道工作人员必须每周上交时间表,让客户能够支付公司所提供服务的费用。但似乎从来没有人为积累这些数据来确定或管理客户员工的利用率而费心。

我前往数据技术部门试图找到一些可用的资料。果然,他们有一年来所有美国工作人员反馈的时间表数据。我让他们大致整理出一份一次性报告,根据每周员工向客户收取费用的实际工作小时数,计算出过去12个月员工的整体收费率。一周后,我得到了结果。

在过去的12个月里,美国客户与工作人员的整体收费率是48%。一般而言,48%的收费率确实赚不到太多的钱。整个高层管理团队都对这个数据感到震惊,更糟糕的是,虽然我们并未对欧洲、亚洲等地区进行数据统计,但是大家已经有了基本的判定。作为一个团队,我们开始考虑这个明显的系统性问题的根本原因。

首先,似乎很多问题都是由简单的不注意造成的。这不是管理层关注的领域,较弱的收费率不会造成什么严重后果。毫无疑问,当客户负责人向客户发送反映计费时间的发票时,他们的担忧加剧了这种情况。针对公司所提供价值与所收取费用是否相称这个问题,美国各地区的客户负责人显然缺乏信心。

其次，美国地区业务人员显著过剩的情况似乎也很明显。太多的员工去争夺太少的客户资源。数据表明，从普通员工到总经理，在组织的每一层级中，工作人数都过多。

最后，虽然证明困难，但公司销售了太多的小合同也是原因之一。如果一位总经理以25万美元的价格出售了一项客户任务，任务需要4名全职员工工作3个月，那么这些员工将在很长一段时间内承担100%的收费率。另一方面，如果这项任务的费用是2.5万美元，并且需要4名兼职工作人员工作一个月，由于不断地开始和停止工作，他们的个人收费率会有很大的下降。

我们在美国立即着手解决这三个问题。博雅公关解雇了15%的美国客户工作人员，这是严格按照业绩和所有组织级别来执行的。除了能降低成本以外，这项行动显著提高了其余员工的平均收入水平和工作积极性。

同时，我们整理出了一份管理报告，报告能显示员工的收费率，并按客户、业务区域、职位和办公室对数据进行了划分，我们每周都会把这些信息传达给每位经理和客户负责人。管理层开始跟进那些低收费率的办公室和事务所。

我们还制定了一项新政策，规定任何标价在5万美元以下的客户任务的提议，都必须得到美国地区执行总裁的签署同意后才能继续发展。虽然抱怨迭起，但这项政策慢慢也被接受了，并付诸实施。

第一年，博雅公关将美国地区的利润率提高到了12%。到1998年，我担任财务总监的时候,美国地区公司通常能产生28%~30%的利润,正被鞭策着保持最好的状态。而位于世界其他地区的办事处,其发展速度则相对较慢。大多数欧洲地区与亚洲地区的办事处受各种因素的影响,无法适应美国地区的政策。如果不是为了建立一个真正的全球能力网络,我可能已经开始关闭美国以外的多个办事处了。

到2000年,当我们把扬·罗必凯广告公司卖给世界最大的广告公司——WPP集团的时候,博雅公共关系公司的整体利润率大约是12%。这代表每年利润增加3 000多万美元。这一切都是由员工利用率推动的。

中心和辐条

成立于1899年12月的美国大学理事会,是美国的一个非营利性组织,它致力于扩大高等教育的覆盖面。美国大学理事会的成员包括6 000多所学校、学院、大学和其他教育组织。美国大学理事会与美国教育考试服务中心(ETS)签订合同,开发和管理标准化考试,作为大学招生过程中的一部分。他们最著名的案例是开发和管理美国能力倾向测验(SAT)、学业能力倾向初步测验(PSAT),以及所有高中二年级和三年级学生都非常熟悉的大学先修课程。

19世纪80年代中期,美国大学理事会和美国教育考试服务中心在管理规模最大的项目时遇到了问题。长期以来,SAT测试都在10月、12月、3月和5月的第一个星期六举行。至少在考试前3周,考生通过邮件或电话,在美国大学理事会的网站上进行线上报名。

第二章 变革推动者的工具箱

到了1984年，他们发现全国各地测试中心的使用率出了问题。这些中心设在当地的高中、社区学院和大学里。对于任何一个特定的测试，全国大约有4 000个不同的测试地点在同步进行。这些中心都有一套固定的成本：中心经理、监察员、保安和保洁员的人工费用，当然，还有设施费。

举个例子，他们可能建立了一个测试中心来管理150名学生的考试。这个中心包含6个房间，每个监考人员监考25名学生。这些安排和费用必须提前几个月安排好，确定地点，和参与者协商一致。但是学生可以在考试前3周注册。因此，问题就在于单个测试中心的利用率，相对应地会对考试管理经济的固定成本产生影响。

在这个例子中，如果有150名学生参加考试，该测试中心的利用率为100%，每次考试的管理成本也会非常低。但是，如果只有75名学生参加，50%的利用率将会导致平均管理成本翻一番。

在过去的3年里，测试中心的平均利用率从40%～100%不等，平均为73%。美国大学理事会希望减少测试场地的数量，以提高测试中心的平均利用率，相应地降低单位管理成本。这对我们来说，是个很大的挑战。

我们深入研究数据，试图了解测试中心的利用率情况。它的趋势是什么？不同地区的趋势是否不同？在城市会是怎样的趋势？测试中心的利用率能和外生因素联系起来吗？

我们所做的一切努力，都没有取得任何结果。对测试中心的需求似乎在给定的范围内，与可能的预测因素，如考试月份、历史需求、人口统计

学上类似的测试中心等因素无关。看起来我们需要通过关闭或大幅缩减测试中心的规模来节省成本。

因为那些随着时间的推移并未得到充分利用的测试中心,我们开始开发潜在的停业的测试中心列表。不幸的是,当我们分析这些测试中心时,一部分有考试日期的测试中心是100%被占用的,而另一些在地理上是孤立的,最近的测试中心在160千米之外。

然后我们再看一看数据,这次集中观察的是城市地区,而不是测试中心的位置。当然,各个时期的需求模式开始趋于平稳。表2-1展示了在过去3年里,我们在一个中等城市地区的测试中心发现的情况。

注意,这3年来,测试中心的平均利用率为85%,远远高于美国平均水平73%。但直观的统计数据有标准差:一个测试中心的利用率从23.5%~31.8%不等,而整个区域只有11.6%。这是一个有利用价值的发现。测试中心水平的需求显然因考试而不同,但是地区需求的稳定率几乎是它的3倍。

表2-1 中等城市地区SAT测试中心数据表

	东部高中	西部高中	南部高中	北部高中	合计
容量	250	250	250	250	1000
10/82	240	200	190	250	880
12/82	210	220	190	230	850
3/83	160	240	240	220	860
5/83	230	250	220	150	850
10/83	200	240	235	170	845
12/83	190	220	185	250	845
3/84	250	180	210	200	840
5/84	250	175	225	210	860
10/84	180	240	180	235	835
12/84	210	240	230	180	860
3/85	155	250	240	200	845
5/85	235	195	180	250	860
平均值	209	221	210	212	853
利用率	84%	88%	84%	85%	94%
标准偏差	31.7	25.9	23.5	31.8	11.6

我们不需要关闭任何测试中心，只需要采用一个"中心辐条"的方法，也就是为每个测试中心设定合适的规模，使其在每场考试中都能达到最高利用率。每个地理区域都设置一个中心，来吸收预订席位以外的人员。表2-2是我们应用新方法后，同一城市地区的需求和利用率统计数据。

表2-2显示，起到辐条作用的测试中心，需求标准差下降了50%以

上，这意味着它们的利用率能从原来的85%提高到95%以上。而居中的测试中心仍然能够达到89%的利用率，这高于过去任何一个测试中心。中等城市地区的整体利用率从85%提高到了94%，使测试中心的可变动成本下降了11%。

表2-2 调整后的中等城市地区SAT测试中心数据表

	东部高中	西部高中	南部高中	北部高中	合计
容量	200	220	200	290	910
10/82	200	200	190	290	880
12/82	200	220	190	240	850
3/83	160	220	200	280	860
5/83	200	220	200	230	850
10/83	200	220	200	225	845
12/83	190	220	185	250	845
3/84	200	180	200	260	840
5/84	200	175	200	285	860
10/84	180	220	180	255	835
12/84	200	220	200	240	860
3/85	155	220	200	270	845
5/85	200	195	180	285	860
平均值	190	209	194	259	853
利用率	95%	95%	97%	9%	94%
标准偏差	18.8	16.4	7.9	21.7	11.6

被测试的城市地区的面积必须得到合理限制，这样才不会为学生带来太大不便，在大多数地理位置上这是很容易实现的。当起辐条作用的测试中心注册量达到负荷时，只须将新的注册者引导到中心区，然后学生可能需要乘车到16千米，而不是5千米以外的测试中心。

我们将这种方法应用于美国所有的城市大区，并取得了显著成果。整个系统的利用率上升了12%，可变运营成本下降15%。最重要的是，没有一个学生被拒之门外，造成的最大不便也只是多跑几千米到测试中心而已。

我们还向美国教育考试服务中心建议，设立一个中心利用率经理的岗位，其职责是定期更新需求历史记录，并根据对当地需求与区域性需求变化的分析结果，对测试中心进行重新配置，或调整其规模大小。我们认为，如果想保持预期效益，那么这应当成为一个持续性过程。此外，类似的方法也可能适用于美国教育考试服务中心和大学理事会提供的其他测试计划之中。客户非常认可我们的发现和建议，他们立即着手实施。

我同意亚马逊创始人兼首席执行官杰夫·贝佐斯（Jeff Bezos）的观点，资产和资源利用不足而带来的成本会主导其他所有成本。正如我们在博雅公关公司案例研究中所看到的那样，作为一家专业的服务公司，员工利用率是其利润、现金流和高管奖金的主要驱动因素。在博雅公关，50%的员工利用率和80%的员工利用率之间，造成的差异约为30个保证金点，这直接导致了从高额行政津贴变为没有行政津贴。

在进行SAT测试时，利用率也是美国教育考试服务中心和大学理事会每次测试运营成本的关键驱动因素。为了取得成功，他们需要一种能同时满足所有需求且不会产生利用不足的成本损失的结构方法。这种中心辐射方法就是这样做的。

这里的主要经验是：（1）提高利用率通常是改善可持续利润的关键；（2）您得到的是衡量标准；（3）破解代码通常需要开箱即用的思维。但通常当对组织、部署策略和流程进行结构更改以提高利用率时，由此产生的成本降低和服务增强几乎总是可持续的。

第五节 减少复杂性

> 大自然喜欢简单,而且饱含智慧。
>
> ——艾萨克·牛顿(Isaac Newton)

复杂性在我们的生活中无处不在。想想你的智能手机,它的特性和功能令人难以置信。当然,专门研究过的用户可以轻松掌握它,但不可否认,手机是复杂的。同样,大多数公司都被迫以这样或那样的方式,处理大量繁杂的商务事件。复杂性也许存在于它的产品设计或制造过程中,也许存在于它标价出售的产品数量中,又或许存在于它的销售或分销过程中。但它几乎总是存在的,而且通常会对成本产生巨大的影响。

汽车工业和零售业,是两个处理起来复杂程度极高的行业。我曾有幸与这些行业中一些最大的公司合作,直接处理不必要的或被普遍的复杂性驱动的成本问题。

商店的名称来源

你有没有想过，为什么传统实体零售店被称为商店，而不叫销售处呢？我知道这是为什么。因为大多数零售店的真正使命是储存商品，而不是销售商品。

1982年，我在美国田纳西州纳什维尔的瑟维斯商品公司，拿到了一个重要的供应链管理任务。瑟维斯公司是最早的目录陈列室零售商之一，它在一个独特的零售环境中，向客户提供精美的珠宝、玩具、体育用品和电子产品。瑟维斯商品公司以其不寻常的购物体验而闻名，它强调目录，甚至在展厅内也是如此。

我们的任务是批判性地评估它目前的供应链——采购、销售、仓储、配送和库存管理，并以此确定低效和可能改进的领域。

我们的工作始于全面地了解和记录目前的供应链。它是以一种过于简化的方式运作的。如果销售小组决定开展一个新项目，以百得电钻钻机为例，他们会先决定一个订单数量，比如4 000个，要在10月1日前发货，好赶上假日购物季。然后，买方将与百得电钻公司的销售代表会面，对订单的价格和条款进行协商。他们总是试图让供应商支付运费，并强迫他们接受一个叫作"注明日期"的零售概念，供应商将在10月1日前交货，但直到12月31日才要求付款。理论上讲，通过这种方式，瑟维斯商品公司在售出商品之前不会付款。

供应商最终同意了这些条款，但其实他们在设定单价时，已经考虑过额外的运费和延期付款了。在我们的案例中，百得电钻公司会按照承诺，将钻机运送到5个不同的瑟维斯商品公司配送中心。不久之后，每个瑟维斯商品公司配送中心将向其所在地区的每个商店运送大约10台钻机，并在瑟维斯商品公司配送中心储存大约200台备用钻机。

然后，每家商店都会出售钻机，并根据情况向瑟维斯商品公司配送中心重新订购。当销售采购员需要从百得电钻公司重新订购时，他会预测需求，并确定最佳订购数量。当然，他会确保这样的购买量符合他们进货限额系统的限制。这一制度在零售业很常见，它能避免采购员在连续3个月的时间内购买超出限额的商品。但实际上，阻止买家重新订购热卖商品来补偿他们过去购买过多的滞销库存，这是一个不合逻辑的过程。

我们的大部分工作，都涉及矫正瑟维斯商品公司的价格谈判策略和进货限额政策，这是效果最佳的鞭策方式。我们分析数据并证明了：如果他们努力争取尽可能低的净单位成本，并自己支付运输和资本成本，那么他们可以从供应商那里协商到更好的价格。例如，他们收到商品时就付款。作为一个价值数十亿美元的企业，比起较小的供应商，瑟维斯商品公司几乎总能获得更低的资本成本。不仅如此，改进的预测系统和更频繁的订货，将促使库存水平得到更严格的管理，这会让进货限额系统没有存在的必要。

然而，我们的供应链工作中最有意义的部分，集中在设法应对他们的需求模式上。几乎所有的零售商，都要处理异常复杂的问题，这是因为商店中SKU（库存量单位）存量巨大。它通常是由数十个分散的商品组成。

有消息称,沃尔玛就在其购物中心储存了超过14万种不同的商品。

下面是1983年的一组令人难以置信的数据:73%的瑟维斯商店,都有过每家店每月需求量不足1个库存单位的历史记录。我们得知这一消息时十分震惊。表2-3显示了一年中,商店对于SKU的相对需求:

表2-3 每家店的每月需求表

库存单位百分比	数量
73%	<1
12%	1~3
8%	4~9
3%	10~25
2%	25~100
1%	100~500
<1%	>500

这意味着,整个供应链基本上是为支持商店内1%或2%的销售量而存在的,也就是成千上万件商品中的几十件。

还记得百得电钻公司吗?如果它给每个商店送去10个钻机,很有可能每个商店就会有超过一年的库存。情况并不乐观。问题不像我们在另一个零售例子中看到的那样,是商品和库存的双重处理。这仅仅是因为瑟维斯商品公司库存过多。我们开始尝试将库存削减一半,并将库存周转率(周转率是在给定的时间段内,通常是一年,存货被销售或使用的次数)从3

个提高到6个。

首先,我们将SKU分为两组:高需求与低需求。高需求,我们将其定义为商店层面的需求,每个月大于5个单位,通过统计数据,需求量变得直观且可预测。大约15%的SKU属于这一类。传统的库存管理工具,可以用来管理这一组的需求、执行和库存。

我们再将注意力转向每月SKU需求量低于5个单位的商店,其中85%的商店,每个月需求低于1个库存单位。这些需求水平在统计上无法预测,也没有任何标准的库存管理方法来处理这种需求低的商品。就商店层面而言,对这些商品的需求在统计上并不显著。我们提出了一组名为"一个展示"和"一个剩下"的概念,意思是:每个商店都有一个商品在展示,另一个在仓库中。当其中一件物品售出时,另一件将从哥伦比亚地区发货,寄到商店。

包括这一举措在内的多项改革措施,使瑟维斯商品公司每年节省了约7 500万美元的供应链成本。超过80%的节余,来自存货占用成本的降低。更重要的是,商店层面的缺货数量下降了40%以上,也为消费者提供了多种形式的选择。最后重申一次,传统实体零售店被称为商店不是没有原因的。

几年后,我们为塔吉特公司做了类似的供应链管理任务。它建立了一个以效率为标志的分配系统。满载的卡车会运送商品到每个商店,大概一周3次。大多数商品都有完整的包装。5个地区仓库实行两班倒的制度,每周的标准工作时间是40个小时,且没有加班。自动化的精挑细选,使每个仓库都运行得非常高效。想从这个分配系统中挤出一点节省下来的成本费，是一件很困难的事。

不幸的是，塔吉特集团有一个与瑟维斯商品公司一样的需求模式。它有48%的SKU需求量是每个商店每个月不足1个单位，另外25%的SKU在统计上有显著的需求，每个商店每个月超过5个单位。

低需求率的影响和大规模的配送业务，在这家商店发生了冲突。如果一家商店每月销售某种洗发水两瓶，无论何时需要补货，仓库都会给其寄一箱24瓶装的洗发水。想象一下商店会被迫做出什么反应。首先，就这种特定的SKU库存单位而言，如果一开始库存量是零，那之后它就会拥有12个月的库存量；但更可能出现的情况是，一开始它就已有几个单位的库存量了。

其次，必须把箱子带到销售楼层，装满货架上的一两个空位，然后把剩下的纸箱放回后面那个并不是仓库的房间。商品常常因为放错地方而丢失。商店职员经常忙于寻找商品和补充货架，这样的情况总是反反复复。在洗发水卖完之前，仓库职员可能得处理15次以上洗发水的问题。

商店的低效率成本明显受到影响，当它乘以供应链中的商店数量时，就会使有效配置系统所节省的成本，变得没太大意义。因此，分配部门负责调整他们的业务，以符合商店层面的实际需求和由此产生的运营工作。我们的目标是让商店变得更加有效率。配送需要每天补充商店库存，并替换准确的销售数量。如果一个商店卖了两瓶洗发水，仓库需要送两瓶。如果商店一周7天营业，那么你可以理解，仓库也要为商店配送7天。

我觉得当我们提出这样的结论和建议时,分销部的副总裁应该会非常激动。他必须认识到,他的工作是使商店有效运作,即使这导致经营效率明显低下。仓库必须从资本密集型的全箱作业,转变为劳动密集型的拆包作业,同时将存储和处理功能转移到上游的几个仓库。这个变革降低了整个连锁店中不得不运营的商店后台(实际上是小型仓库)的成本和复杂性。

塔吉特公司花了几年时间才完成这一转变。当时,总裁肯·伍德罗(Ken Woodrow)给我打电话。在我担任首席财务官的时候,他是我们最初的客户。"好吧,库尔特。"他说道,"虽然花了4年时间,但现在我们已经全面执行了你的建议。我很高兴地向你反馈,一切进展顺利,我们正在实现你所预期的所有效益。做得好,真是感谢你。"肯接着说道:"转型通常需要第三方的合作。在这种情况下,塔吉特集团销售产品的制造商需要鼓励、训练和确信终端成本增加(如减少箱包尺寸),然后他们将获得红利。这是花了数年时间,才全面实施转型的一个重要原因。"

零售业展示了复杂性成本的一个方面:复杂性成本拥有数千个需求量非常低的SKU,而由此产生的存货占用成本、处理成本和库存收缩可能是深远的。也就是说,与其他成本相比,复杂性成本在制造业中往往更为重要。

10^9

1985年，我在通用汽车公司（General Motors Corporation）领导了两项相关任务。我们的客户是通用汽车加拿大公司，执行总裁是乔治·皮博尔斯（George Peables）。他负责通用汽车在加拿大的所有业务，包括销售、市场营销和生产制造。一天下午，乔治先生根据他一位同事的建议，打电话给我，邀我前去与他当面讨论。在我们交谈时，他告诉我，他对汽车制造业中复杂性的假定成本感到非常困惑。一方面，生产制造汽车的工作人员总是向他抱怨，汽车要提供多种系统驱动、外部修饰和独立选择项的话，必须耗费大量的资金；另一方面，市场营销人员认为，进行如此大规模的购买时，客户需要做出的选择和任何减少消费者选择的企图，都会导致收入损失。

出于无奈，乔治要求取消其中一款厢式货车的指挥官座椅选择项，理由是，过去一年只有350辆汽车配备了这一选择项，所以他认为取消座椅选择项会降低风险。之后，乔治去找制造部的副总裁，想问他装配厂能节省多少成本，却被告知"一点都不会"。"怎么会这样？"乔治问我，"如果产品的复杂性导致了制造成本，那降低这种复杂性，怎么会不节约成本呢？"

我思考了很多关于复杂性对制造环境的影响，关于这些成本的本质也进行了一些思考。"如果复杂性相对可控，它对成本的影响可能是适度的，这是有意义的，"我说道，"但是，随着流程变得更加复杂和多变，成本可能会急剧上升,直到它们到达一个点,即进一步的复杂性对成本的影响变得微不足道。也许这就是取消座椅选择项后,成本仍然不变的原因。"

我站起来,走到挂在他墙上的白板前,画出了如图2-5所示的曲线。

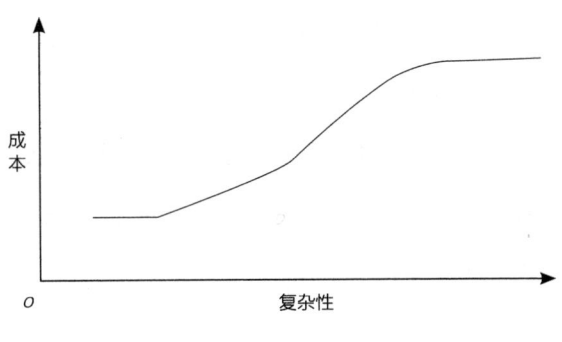

图2-5 复杂性的假定成本

乔治和我花了1个小时讨论这个想法及其可能的含义,然后他说:"我想雇你来画那条曲线。"

我回复他,我会和我的搭档谈谈,并承诺10天内拿出一个提案来。我回到办公室,联系了同事史蒂夫·格里菲思,敲定了一种方法来确定汽车行业的复杂性成本。

首先,我们必须对"制造功能所经历的复杂性"的定义取得一致意见。我们确定了构建配置,例如汽车有多少种独特的方式组装、装饰和涂漆。我们选择了雪佛兰蒙特卡罗作为我们的实验对象,这是在通用汽车加拿大公司奥沙瓦工厂组装的车。根据现有的模型、驱动系统、装饰、独立选择项和内外部颜色,我们计算出,1985年,蒙特卡罗有10^9种可能的构建配置。

是的,那是10亿,甚至是100亿种不同的制造汽车的方法。这意味着这个星球上的每个男人、女人和孩子,都可以拥有一辆全新的蒙特卡罗,并且在同一世界内没有两辆相同的车。他们实际构建了多少种可能的配置并不重要,重要的是制造业必须雇用工作人员,列出清单,以便能够构建所有可能的配置(这也是成本的来源)。然后我们想到,不能用某种增量分析来解决这个难题,例如,增加一个船长的椅子选择项,增量成本是多少?如果我们的假设是正确的,就必须找到一种方法来进入这个成本急剧变化的区域,以此解决这个问题。

我们决定进行一个简单的场景分析。我们会为5个不同的制造工厂计划最佳配置、设备和人员,让他们适应5个不同的构建配置场景:1、250、2 500、10 000和10^5。最后,我们有了答案10^9。我们需要乔治·皮博尔斯给我们提供25名工程师,给我们分配两个月的全职工作,从头开始设计这些操作。5个团队的每一支队伍,都会配备2名工业工程师、2名机械工程师和1名机器人专家。他们将共同设计必要的制造过程,以最理想的方式来设定制造过程的复杂性水平。

我们准备了一份提案,其唯一的目标是,绘制1985年雪佛兰蒙特卡罗复杂性成本的曲线。乔治批准了这项工作,并指派工程师全职为我们工作。

首先,我们需要隔绝复杂性本身的真实成本。用皮革座椅取代塑料座椅,明显要花更多的钱。但我们对原材料成本的差异不感兴趣,比如塑料和皮革，我们只对增量制造成本感兴趣。比如，多个定制器的成本、不同安装时间对利用率的影响、该过程对之前或之后的组装步骤产生的影响。因此，我们采用蒙特卡罗的标准成本和各种选择项，将材料成本标准化。这就意味着，就我们的目的而言，座椅上的皮革和塑料的成本相同。

让25名工程师和技术人员明白我们正在尝试做什么，的确花了一些时间。但是一旦他们明白了，他们就会真正地着手干，尝试为给定的构建配置目标，设计最优的工厂和装配过程。试想一下，如果你有任何制造背景，每辆组装的汽车都有相同的发动机和变速器，一条底盘装配线的劳动力、设备和流程可能会是什么样子。现在想象一下：如果有4个不同的引擎选项、3个不同的变速器选项，会发生什么？而且，他们真的用这些选项来制造汽车是否无关紧要？他们必须做好制造它们的准备。

当工程师们正在构思工厂的规模、配置和设计时，博思艾伦团队正在尝试确定支撑每项操作所需的组件和子装配件的清单。需要多少安全库存量，才能支撑越来越多的需求变化性？如果这家工厂每小时装配60辆汽车，并且这种设计需要1台调频收音机，那么工厂每8小时的轮班就需要480台收音机。但是如果每辆车本可以没有收音机，那么又分别需要多少库存来处理平均需求和需求变化性呢？

当所有的分析完成后，我们绘制了复杂性成本的曲线。这条曲线比我在乔治·皮博尔斯的办公室里画的还要明显。令人惊讶的是，当引入复杂性时，成本上升得非常快，且复杂性成本实际上非常普遍。从1增加到100，渐增的构建配置的成本损失不大，约为1%。在某个点上，只有2 500

个构建配置的情况下，成本损失开始迅速增加到19%左右。在大约有10^5种构建配置时，成本损失达到最高，约占总成本的22%。在这种复杂程度和10^9种雪佛兰蒙特卡罗的配置之间，几乎没有额外的成本损失。图2-6显示了复杂性成本曲线。

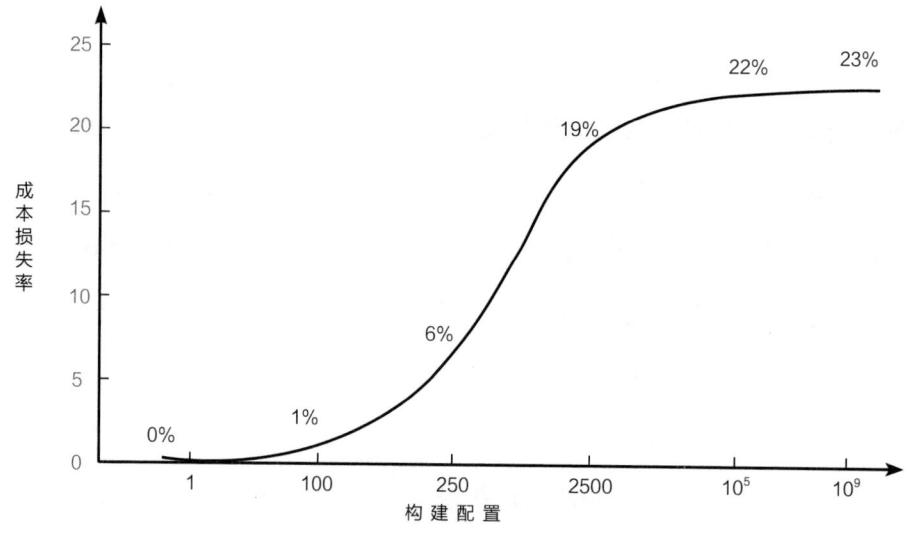

图2-6 蒙特卡罗的复杂性成本图

值得注意的是，从1985年开始，日本汽车在北美汽车市场逐渐站稳脚跟。与美国国内同类车型相比，日本汽车拥有15%的价格优势。传统观点声称，这是因为日本劳动力成本较低，以及政府给予补贴。然而，当复杂性成本分析完成后，本田雅阁在协议上有240种构建配置的可能性。削减可能产生的复杂性成本，使他们在为底特律提供同等数量的产品时，拥有百分之百的价格优势。这太惊人了，他们好像拥有那张蒙特卡罗复杂性成

第二章 变革推动者的工具箱

本图一样!

乔治·皮博尔斯对我们的工作感到非常满意。我们接着做了另一个旨在了解降低复杂性的影响的项目：成本会自动下降吗？还是管理层需要有所举措来实现这一点？结果表明，复杂性成本曲线实际上是两条曲线的组合：一条是简单的制造环境，当引入复杂性时，成本会急剧上升；另一条用于复杂的制造环境，以适应处理高水平的产品复杂性。

在正常的经营过程中，成本会在复杂的环境下自动降低。例如，由于引进了简化程序，工业工程将自动减少装配线上的工作人员。但是，一旦复杂性下降到一定程度，整个制造过程将不得不进行重组，从而转变为成本较低的简单曲线。装配线流程的全新方法，只有在更简单的环境中，才有可能需要将其引入以获得效益。试着将当地麦当劳的厨房和一家提供全方位服务餐厅的厨房进行对比，就会明白上面所说的道理。

在图2-7中，复杂曲线显示了在一个配备了人员和设备，以处理复杂产品供应的制造环境中，成本是怎样表现的。这个粗略的曲线，表明了一个简单但重复的制造过程的成本，当复杂性被引入时，成本会飙升。

这是汽车工业的一项开创性分析。我们开始了争取支持的活动，与别克汽车公司的总经理埃德·默茨（Ed Mertz）进行了一系列的演讲和讨论。埃德是一个非常聪明的人，他学得很快。他完全接受了分析，以及可以得到的成本和质量效益，这立即让他的组织开始减少选项和构建配置。

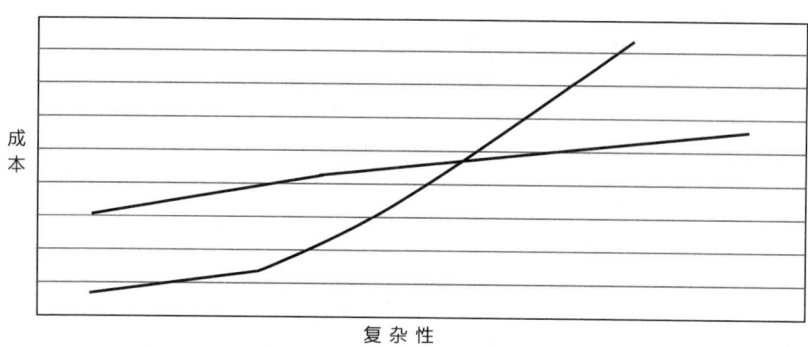

图2-7 两条复杂性成本曲线图

别克公司不仅实现了制造成本显著降低,而且还有了其他收获,它的产品质量有了提高,这一点在客户调查和保修索赔中得到了体现。

不幸的是,乔治和我没能说服其他汽车部门的经理根据这些见解采取行动。最近我常常在想,别克汽车比庞蒂亚克汽车和奥兹莫比尔牌汽车更占优势,其原因是否在于:别克公司接受了这种简化程序,并且及时认识到在大幅降低劳动力成本的同时,要提高产品质量和收益利润率。

我们尽了最大努力,让雪佛兰部门接受这些发现及其影响,但结果并不理想。雪佛兰花了20多年的时间,才最终明白了这一点。我认为这是雪佛兰汽车销量落后于丰田和本田的主要原因,它错过了有效竞争的机会。

每个公司都要处理复杂性的问题。几乎在任何行业,这都是一个既定的事实。但一些公司和行业必须应对异常复杂的局面。下次你路过杂货店的时候,停下来看看,有多少独特的商品在标价出售。现在请试想一下:

你需要一直记录每一件物品的库存,无论是放在货架上还是仓库里;或者需要一直记录每一件商品的订单、成本和价格;再或者,你需要一直跟踪你的竞争对手的每一件商品的价格。最后,假设现在是1950年,想象一下你在没有电脑的情况下完成这一切。本节中的零售案例研究旨在让你了解这种令人厌恶的复杂性,并提供两种不同的处理方法。

在加拿大通用汽车公司的案例研究中,你会看到另一种类型的复杂性——这是一种基于产品,或者说是基于诱导的复杂性。整个通用汽车公司的高管都非常惊讶地发现,他们23%的制造成本归因于给消费者提供了广泛选择的决定。但其实,正如罗伯特·勃朗宁(Robert Browning)曾经说的那样,简单就是美。

复杂性成本在今天仍然普遍存在。科技已经提供了各种方法,使其能够系统地处理复杂性问题,而不会导致重大的成本损失。例如,在图书行业的按需印刷,在许多制造业的机器人技术,在医院行业的以协议为基础的文档等。但是,降低复杂性和简化流程,仍然是当今大多数公司提高利润的高潜力来源。

第六节 挑战和优化定价

> 花费少的东西价值更低。
>
> ——米格尔·德·塞万提斯（Miguel De Cervantes）

罗恩·卡莫（Ron Comer）是我多年的好朋友，1998年他是麦克德垫圈公司的总裁。一天，罗恩在制造厂看到员工们正在为福特T型车做引擎垫圈。当他回到办公室后，他向售后服务部门的负责人约翰·沃希比什（John Washbish）提到了这一点。

"我们一年能卖多少个T型车用垫圈？"罗恩问道。

"大约有1 000个。"约翰说道。

"哇！"罗恩感叹，"我们要价多少？"

"每个4.35美元。"约翰查完后说道。

"我们的竞争对手要价多少？"罗恩继续问道。

"据我所知，我们没有竞争对手，我们是唯一为T型车和其他旧车型生产引擎垫圈的公司。"

"如果这是真的。"罗恩问道，"我们为什么不把要价定得高一点呢？

一个古董车迷,不太可能会因为引擎垫圈太贵而扔掉他珍爱的T型车。"

约翰把T型车用垫圈的价格提高到350美元。需求保持不变。他大笔一挥,就使得他们的利润每年增加345 650美元,而且没有需求风险。他们将同样的逻辑应用到其他古董汽车零部件上,并采取了类似的定价行动,每年创造了超过100万美元的增量利润。

最近,罗恩给我讲了这个故事,然后问我:"你知道你要付出多大的努力,才能实现每年100万美元可持续成本的削减吗?"

根据我的经验,与其他任何单一原因相比,错失定价机会所导致的利润损失都是最大的,但大多数都不像麦克德垫圈公司的例子那么明显。但现在我仍然会看到,许多公司试图以价格为基础进行竞争,但是价格既不是它们价值定位的基础,也不是它们真正竞争的基础。

通常在它们开始价格竞赛之时,真正起决定性作用的竞争早已结束。我已经数不清有多少次,一个零售商在我已经宣布要买东西的意向后,对我说:"我可以给你打8折。"我并没有这么要求,而且这对我的购买决定没有影响,但他们却交出了20%的收益。有些人会争论,商店这样做是在创造善意。我的回答是,这是一个非常昂贵的善意。

我女儿凯蒂,曾在美国一家小型技术服务公司工作。我曾经问过这家公司的两位老板:"如果你把价格提高一倍,会损失多少生意?"

"一半。"他们都回答道。

"你们还在等什么?"我说。如果假设是真的,那么他们将保持现有的收入,但只需要做一半的工作。

他们都表现得像我疯了一样。

深入分析，深入进去！

毫无疑问，邮轮行业是一个固定成本的行业。无论一艘邮轮有多少乘客乘坐，在船、燃料、指挥员和船员上花的费用都是一样的，唯一可变的是食品杂货的费用。尽管有午夜自助餐，食品价格却非常低。当一家邮轮公司舱室销售超过92%的可用容量时，就会大赚一笔。但是如果少于80%的舱室处于使用中的状态，就赚不了太多。

20世纪80年代中期，美国经历了一次相对温和的经济衰退。许多人削减了他们的可自由支配开支，包括加勒比邮轮的度假安排，这并不奇怪。随着邮轮需求的下降，一名竞争者，嘉年华邮轮公司果断决定采取行动。为了努力填满他们的船，公司宣布会向任何预订嘉年华邮轮的顾客提供从美国大陆任意地方来邮轮的免费机票。当然，嘉年华公司的所有竞争对手别无选择，只能迅速效仿。

许多人认为嘉年华邮轮公司是疯狂的，因为一旦它的竞争对手跟随，它将不会获得相对的优势，只会白白付出很多钱。但在我看来，嘉年华邮轮公司一直像狐狸一样沉默。在吸收新资金方面，它的市场和财务状况比竞争对手要强得多。我敢肯定，它看到了邮轮需求的激增，而一旦经济衰退结束，免费机票就会创造出这种需求。不管他们是有先见之明还是运气好，他们的策略都奏效了。从1992年到1999年，嘉年华邮轮公司在其5艘邮轮的基础上又增加了8艘邮轮，成为无可匹敌的行业领导者。

第二章 变革推动者的工具箱

嘉年华邮轮公司免费机票政策的宣布，给大多数竞争对手的业绩造成了严重破坏。其中一家是挪威邮轮公司（Norwegian Cruise Line），它在1983年被称为挪威加勒比邮轮公司（Norwegian Caribbean Cruise Line）。挪威加勒比邮轮公司的执行总裁罗恩·泽勒（Ron Zeller）要求几家企业管理咨询公司提出建议，帮助公司处理这一问题。很幸运，我领导着博思艾伦的团队前去建言献策，因为罗恩选择了我们来做这项工作。问题很明显，在免费机票之前，挪威加勒比邮轮公司的年收入约为2.5亿美元，利润约为3 500万美元，而免费机票每年花费他们6 500万美元。一夜之间，这项开支从不存在变成了其预算中最大的单行项目。挪威加勒比邮轮公司也从每年3 500万美元的利润收入，一下子变成了每年3 000万美元的亏损。

为了应对这种情况，我们必须处理几个潜在的利润改善领域。第一小组的工作人员集中精力降低成本，包括船上和岸上的成本。第二小组着眼于市场营销和销售，并试图找出增加需求的机会。第三小组专注于定价方面。定价工作是本案例研究的主题。我们从定价的理论认识开始。价格弹性是经济学的一项指标，它用来衡量一种商品或服务的需求，如何对价格变化做出反应。更准确地说，它给出了需求量随价格变化而变化的百分比。例如，葡萄酒的价格弹性历来为 -1.0，这意味着，你最喜欢的霞多丽酒价格上涨10%，可能会导致其需求下降10%。为了评估挪威加勒比邮轮公司的定价，我们需要了解邮轮行业的价格弹性。

当时，挪威加勒比邮轮公司有6艘邮轮，并提供了时长为3天、4天、7天的邮轮穿越加勒比海的活动。它的主要竞争对手——嘉年华、皇家加勒

比和荷兰美洲公司，拥有类似数量的邮轮，并提供类似的邮轮套餐和旅游活动日程。每艘邮轮都提供不同类型的住宿，包括外舱、内舱、标准舱、豪华舱和套房。

价格因邮轮类型、出发日期、航程、行程及客舱类型而异。但即便如此，在普通客舱中进行为期一周的邮轮旅行，每位乘客的票价也大多在1 200~1 500美元。挪威加勒比邮轮公司，始终处于这个范围的低端部分。我们决定随机选择12个不同的邮轮日期，并将分析限制在从迈阿密出发的、为期一周的西加勒比海邮轮上。此外，由于并非每艘船都提供豪华舱，我们决定以豪华舱之外的价格，作为比较的基础。

我们搜索了邮轮公司的小册子和其他行业数据，为挪威加勒比邮轮公司和它的3个主要竞争对手，来确定这些价格。在过去一年里，这4家公司总共在加勒比地区独家经营了20艘船。这意味着，每艘船有12个巡航样本，我们有240个定价数据点。

考虑到航运业的高度管制性质，我们也有过去一年每艘船及邮轮的历史旅客名单资料。我们可以在我们的定价数据库中计算每个邮轮的需求量和入住率。

因此，我们能够绘制一组大约200个有关邮轮入住率的数据点，作为相对需求和价格的替代品。价格指的是，挪威加勒比邮轮公司和它的3个最大的竞争对手为期一周的豪华外客舱巡航定价。当第一次看到结果时，我们确信我们犯了一个错误。需求似乎与价格完全无关，这违反了常识和所有已知的经济学定律。

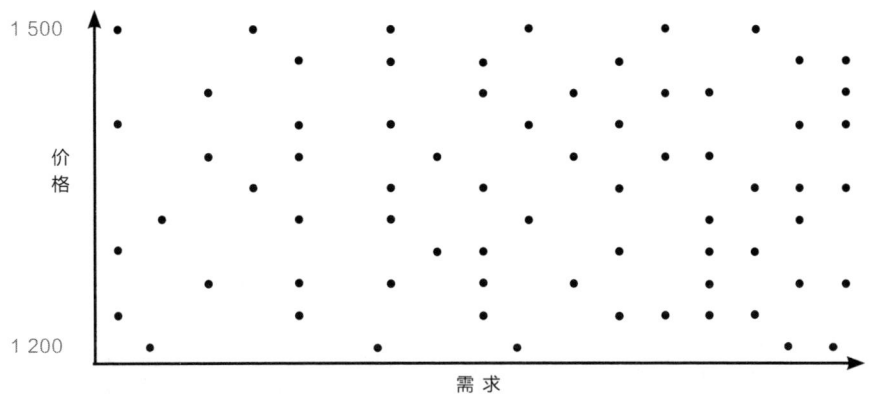

图2-8 为期一周的加勒比邮轮价格弹性图

价格下降了，相对应地，需求有可能下降、增加或保持不变。历史上第一次，产品的总价格无弹性。公司可以在1 200～1 500美元之间任意给邮轮定价，需求将保持不变，如图2-8所示。

我们反复核对数据，然而一切都无济于事。我记得有天晚上7点多，我坐在会议室里，一位同事说："也许我们过于关注有限的选择范围，为什么我们不看看一系列度假选择的价格和需求，看看这是否能说明什么问题？"

我们研究分析了各种可能性的平均价格和年需求量，并将它们的成本标准化为一周的旅行成本：非洲狩猎之旅、四星级度假酒店、包机旅行、驾车参观美国国家公园、当地露营旅行、加勒比邮轮，以及其他更多的旅行项目。然后我们绘制这些价格和需求，如图2-9所示。我发现了真相！它的合理性就在于，相对价格越高，相对需求就越低。但我们如何解释加勒比邮轮定价和需求的异常呢？

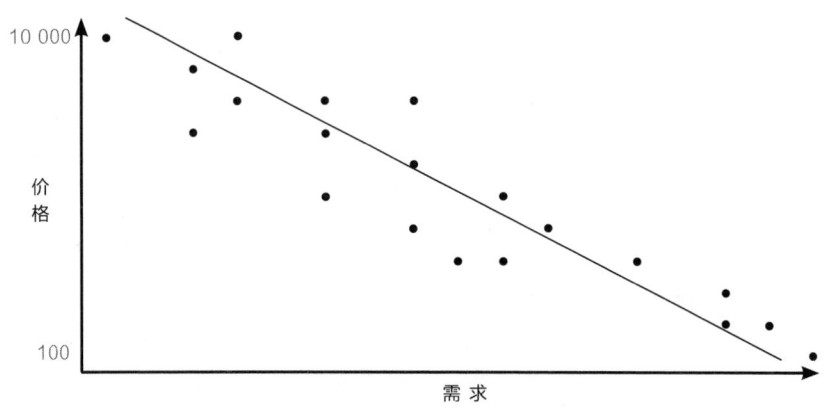

图2-9 一周假期旅游价格弹性图

我们发现，每人每周的假期价格在100～10 000美元之间变动。也许我们的每周邮轮价格代表的不仅仅是一系列选择，更代表着一种观点。人们先决定他们想度过怎样的假期，以及他们愿意为此支付的大概价格，然后开始考虑可能的选项。一旦想通这一点，价格就不再是决定性因素。一旦有对夫妇决定花钱在加勒比海享受一周邮轮活动，他们可能就不会在意每人将耗费1 200美元还是1 400美元。

我们探究了这个假设，并做了更多的分析。对这一点了解越深，它就变得越有意义。如果确实如此，挪威加勒比邮轮公司就可以将价格提升到竞争范围的顶部，而需求量随之下降的风险却很小。鉴于他们的情况，罗恩认为可能失去的客户很少。因此，当两个月后新的宣传册下发时，他相应地提高了船票价格，如图2-10所示。图上的小点表示巡航价格分析，每周价格在1 200~1 500美元之间变动。图下方的框是该点的放大图，它显示了挪威加勒比邮轮公司是如何将其价格提升到竞争范围的顶部的。

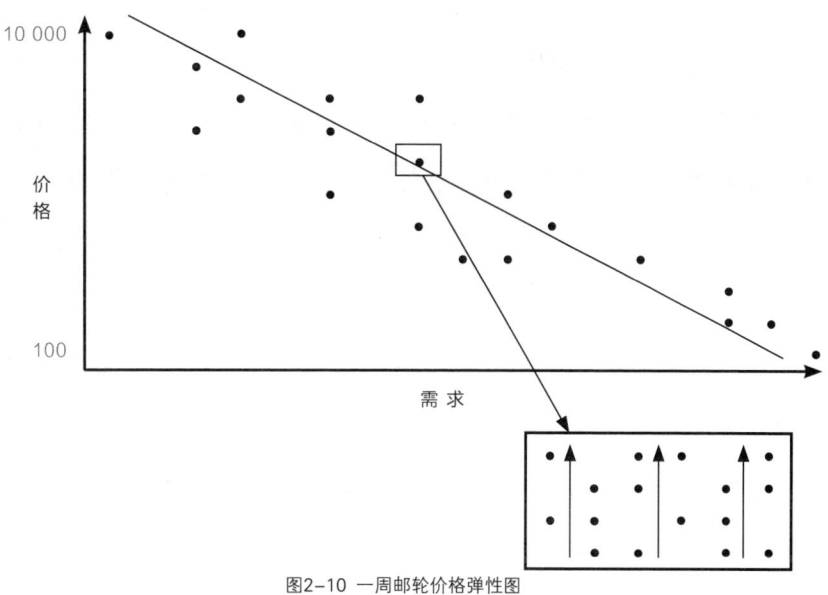

图2-10 一周邮轮价格弹性图

3个月后，挪威加勒比邮轮公司实现了价格上涨11%，收入增长15%。虽然由于经济衰退缓和，需求量的确在增加，但增长的主要原因还是价格上涨。仅靠这一步，就解决了近一半免费机票所带来的财务问题。如果需求不受影响，价格上涨等于免费资金。

如果问题一直无法解决，就继续深入分析，深入进去！

仁慈医院对我们没有威胁

我和我的搭档约翰·史密斯共同撰写了一篇关于学术医疗中心（AMCs）战略规划的文章，并于1997年7月在美国医学院协会期刊《学术医学》（*Academic Medicine*）上发表。文章中写道："如今的学术医疗中心提出过一个糟糕的设想，即认为医疗保健服务市场在经济上是合理的，这意味着价格是需求的主要决定因素。人们似乎已将它当作一种信念，且不受周围各种反对证据的干扰。至少人们期望，具有固有价格劣势的学术医疗中心，能尽可能地长期保持和扩大市场中存在的不合理现象。"

在我们为巴尔的摩市约翰斯·霍普金斯医院所做的一些策略制定工作中，这种批评被体现得淋漓尽致。我们的客户是医院和卫生系统的主席詹姆斯·布洛克（James Block）博士。

作为工作的一部分，我们深入研究了每个程序的运营成本，并将其与竞争对手的运营成本进行了比较。然后，医院需要向美国国家老年人医疗保险机构提交其数量和费用的详细记录。医疗保险成本报告内容丰富，几乎包括了美国所有医院的运营数据。

我们是在1993年开展这项工作的。医疗保险根据医院执行每项指定程序的标准价格，为医院进行报销，这被称为诊断相关小组。同样，在1993年，保险公司根据每个程序的协商费用报销，且因医院而异。发现了这一点的好处在于，我们可以使用国家老年人医疗保险的成本报告，通过各种

第二章 变革推动者的工具箱

程序得到成本数据,并利用保险公司的报销率,获取霍普金斯医院及其各种竞争对手所选程序的价格。

根据预测,约翰斯·霍普金斯医院的成本,应该高于巴尔的摩市当地非教学医院的费用,但事实上,它的成本却与哥伦比亚长老会医院、克利夫兰诊所和梅奥诊所相当。

因为它们的竞争来自本地,并且它们知道,竞争对手几乎所有手术中的成本都较低,所以约翰斯·霍普金斯医院永远处于成本削减模式之中。它们秉持着一个信念,即在很大程度上,需求是由价格驱动的,而价格则必然由成本来决定。一项又一项新提议付诸实践,例如,将助理注册护士的组合比从5∶5改为3∶7;将注册护士的配备指标从每人4名患者增加到每人5名患者;规定所有外科医生使用同种标准化的手术缝合线。鉴于医院运营的复杂性,以及霍普金斯医院内患者相对较高的敏锐度(所需的护理强度),很难实现可持续的成本降低。

同样,私人保险公司提供的报销率,也因医院而异。这取决于谁是更好的谈判者,还有其他一些不太明显的因素,包括患者和医生的偏好以及临床声誉。在下文中我们将看到这一点。

我们选择心脏搭桥手术,对其做深入详细的了解,包括成本、价格和需求量,以及它们可能对医院市场和战略地位产生的影响。我们还利用国家老年人医疗保险制度的成本报告数据,创建它与巴尔的摩市内最大心脏医疗服务竞争对手——仁慈医院(Mercy Hospital)——之间的比较统计数据。

分析表明，霍普金斯医院所偏爱的假设，即通用价格弹性准则，也适用于心脏手术市场，是一种危险且具有误导性的假设。图2-11展示了我们发现的内容。

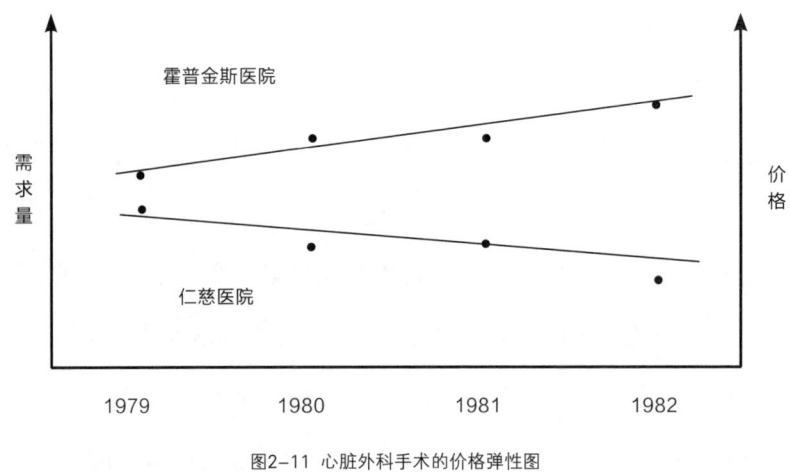

图2-11 心脏外科手术的价格弹性图

数据清楚地表明：价格并不是巴尔的摩市心脏医疗服务需求量的主要决定因素。事实上，它似乎不产生任何效果。霍普金斯医院的成本和价格随时间推移而上涨，其需求量也上涨。而仁慈医院的成本和价格随时间推移而下降，其需求量也下降。显然，是除了价格之外的其他因素推动了需求量变化。

我们组建了几个专门小组进行了市场调查，以证实对这一市场动态的设想。果不其然，我们发现，声誉是患者选择心脏手术医院的主要影响因素。这也解释了为什么保险公司同意将霍普金斯医院纳入保险计划，即使其成本比其他当地医院高出15%～20%。对企业客户来说，如果将约翰斯·霍普金斯医院排除在政策之外，这显然会是个错误的决定。

如何定价，可能是美国企业中最容易被误解的问题。许多公司错误地以为，价格是其产品或服务需求量的主要决定因素，但其实这种情况很少。功能、质量、服务或可用性，通常才是需求量的主要驱动因素。正如我的一位同事曾说："价格只会打破关联。"约翰斯·霍普金斯医院的情况就是如此。它的能力、质量和服务，几乎与仁慈医院的能力、质量和服务没有关系，然而霍普金斯医院管理层所表现出来的行为，好像两者之间存在联系似的。

挪威加勒比邮轮公司的案例研究表明，通常情况下，行业定价是非常微妙的。在这个案例中，看到价格可变范围，比看到价格点更重要。

对于亚马逊这样的公司来说，价格是其价值主张的关键要素。而对于其他公司，比如邮轮公司和医院，事实却并非如此。除非你已经确定价格将成为竞争基础，否则就不要试图在价格上进行竞争。公司通常有很大的机会通过提高价格来提高盈利能力，而那些拥有多家商店、多个地点或覆盖范围的公司，则可以轻松定价，因为它面临的风险很小。如果想测试一本书的价格弹性，我只需要在一些书店以一定金额定价，而后在另一些书店中以更高的金额定价，然后比较两组的销售结果。根据我的经验，很少有公司以这种方式测试定价。

我在本书的第二章里，明确提出了我认为可以提高公司绩效的6个主要机会，并针对每一点提供了真实案例研究：改变价值主张、让决策工作与价值主张保持一致、简化流程、提高利用率、降低产品或流程的复杂性和优化价格。

在下一章中,我将详细介绍一个关于转型变革计划的案例研究,该计划要求围绕着刚才提到的6个机会,进行大规模重组工作。

第三章

变革推动者的命运

每个人都可以突破自己的境遇，而且只要热衷于所做的事，致力于此，就能取得成功。

——纳尔逊·曼德拉（Nelson Mandela）

在20世纪80年代中期，许多美国医院都处于恐慌之中。在过去，像蓝十字蓝盾（Blue Cross Blue Shield）这样的保险公司，还有美国国家老年人医疗保险制度这样的项目都愿意按照患者护理所需的实际费用来补偿医院，但情况很快变了。保险公司开始与各家医院及其连锁医院，就各种程序的固定价格和折扣幅度进行谈判，而他们控制之下的患者数量相当大，这意味着他们有很大的影响力："要么同意这个价格，要么把你的病人送到别家医院去。"

与此同时，国家老年人医疗保险制度的偿付计划也在改变，它不再为每个执行程序或治疗设备支付预先确定的价格。他们创建了一个诊断相关小组（DRGs），并为每个小组确定了固定的支付金额。例如，无并发症的髋关节置换术，报销金额可能是36 550美元，而无论患者是在医院住了4天还是7天，报销金额都不变。价格是根据国家老年人医疗保险制度计算的，即按一个合理有效的医疗方案之下的医院开支计算，再进行适当的加价，并根据地理位置和其他外部因素进行调整。这给全国50%的医院带来了重大影响，并将医疗行业带入成本压力巨大的新时代。

进化：
30个案例详解
组织变革

一直到20世纪80年代中期，我都在博思艾伦致力于建立全球服务运营实践机制，并在零售商、银行、保险公司和邮轮公司做了大量工作。我还曾与从事医疗保健实践的伙伴合作在医院做一些运营工作，但大部分都是针对降低成本的基本工作。

我曾经与美国一家大型医院合作，帮助其处理战略性工作，并因此与博思艾伦的全球医疗保健实践负责人约翰·史密斯交流过几次。有一次，他提到佛罗里达州的莱克兰地区医疗中心（LRMC），并认为它是这个项目的绝佳候选者。这是一家规模庞大、运营良好的医院，首席执行官杰克·斯蒂芬斯（Jack Stephens）既聪明果敢又努力进取。约翰和杰克的私交和工作上的联系，可以追溯到10年前。那时我鼓励约翰安排我们3个人见面，他答应了，我们就这样认识了。

1986年，莱克兰地区医疗中心是一家急诊医院，有650张病床和1个区域创伤中心，它重视治疗质量，声誉很好。在各项案例的成本开支以及其他成本效益的衡量标准方面，它在医院排名中位列佛罗里达州第二。

与大多数同行相比，莱克兰地区医疗中心能更好地适应新的报销方案，并没有陷入困境或苦苦挣扎。无论是在财政、临床，还是运营方面，它的表现都很优秀。在我看来，重新思考整体运营策略的最佳时机，就是内部运营得当且外部竞争占优势的时候。不然付出的努力，无疑会因为迅速产生的问题和短期改进的需求而被抵消。

值得庆幸的是，杰克很懂得这一点，当约翰给他打电话时，他同意与我们见面。我们在他位于莱克兰市的办公室见面，就医院及其绩效，包括绝对和相对两方面的问题，讨论了很久。在交谈中，我了解到这家医院的州排名，以及让它在竞争中处于有利地位的低成本、高质量和患者满意度。杰克自信博识，但也没有自满自负。他知道整个行业正在发生巨大变化，并且希望他能将医院的领先地位保持下去。

而后，话题转向了运营战略和我的相关工作经验。我一开始就坦白，虽然自己在几家医院工作过，但在如何大幅重组其运营机制，以及最终可能取得怎样的成果方面，并没有较好的预见力。但我告诉他，自己很欣赏医院运营的复杂性，以及它不断挽救生命的事实。

然后，我介绍了近年来参与的一些运营战略工作，详细解释了我在加拿大通用汽车公司进行的复杂性成本工作，描述了所用的分析方法和产生的结果，并分享了我们关于因复杂性而带来普遍成本的结论，以及利用机会减少复杂性的建议。我在白板挂纸上绘制了汽车成本的复杂性曲线图，并提供了其他一些我们发现的有效信息。

接着，我描述了6年前在迪尔公司（Deere & Company）参与的一项开创性战略工作，并再次介绍关于我们的工作及其对迪尔运营所造成战略影响的事实、分析结果和所得结论。我还描述了在塔吉特公司（Target Stores）完成主要供应链管理任务的具体细节，这使它每年可以节省数百万美元的商店劳力费用和库存运输成本。

交谈中，我对杰克说："我无法确切知道，医院运营战略任务该如何进行。但是，分析结果和我们的洞察力可以指明方向。这是为医院发现更高质量、更具成本效益、更可持续的运营模式的唯一途径。"

"好的,"杰克说,"写个提案给我吧。"

第一阶段

我们把提案交给了杰克,建议他对莱克兰地区的所有业务进行一次大范围的诊断审查,提案中详细描述了如何收集数据、如何进行下一步工作,还解释了一些最终有可能得出切实可行措施的分析。但是,问题又回到了起点,包括我在内的所有人,都不曾对医院运营进行过类似的战略性审查,所以我们无法确切地提出计划。大部分工作都要求我们遵循自己的经验和直觉。

大家决定这项工作由我领导,加上几名经验丰富的专业运营人员,组成一个全职团队,但其中每个人都没有医院运营经验。约翰·史密斯和博思艾伦公司医疗保健业务的另一位合伙人菲尔·莱斯罗普(Phil Lathrop)将担任咨询官,并在适当的时候为团队提供专业建议。按计划这项工作需要4个月才能完成,而我们的报酬是50万美元。

在1986年,对医院而言,这笔外部咨询费是巨额支出,尤其是我们的结果未明。究竟这是一项明智还是愚蠢的投资呢?没有人真正知道。但我和同事对这份工作充满信心,而且我相信,杰克·斯蒂芬斯一定能对此产生共鸣。"要么轰轰烈烈,要么庸庸碌碌!"这绝对是杰克的座右铭。他批准了这个项目,于是我们开始工作。

我为核心团队配备了3位负责运营实践的同事:负责人加里·肖斯、高级助理亚当·扎尔德(Adam Zander),以及一名助理比尔·利安得

（Bill Leander）。其他专业人员根据需要轮流参与项目。当然，我的合作伙伴约翰·史密斯和菲尔·莱斯罗普，他们会定期与团队和客户互动。

本章的剩余部分，将描述我们从1986年到1992年在莱克兰地区医疗中心进行的运营策略工作——从诊断分析到具体实施，我已经提供了许多图表来描述医院现有和新的操作范例。有些数字现在我仍然能够准确回忆，而有一些则需要参照我对工作的记忆重新创造，但就我们实际的发现成果而言，它们是非常具有代表性的。

在这个过程中，我参考了我们在莱克兰地区医疗中心所有工作的咨询官菲尔·莱斯罗普撰写的一本名为《医疗保健重组：以病人为中心的范例》的书，我试图从中得到帮助。虽然我没有直接引用他书里的内容，也没有复制他的任何图表或分析结果，但他的工作确实在很大程度上唤醒了我的记忆。

第一节 主要诊断分析

分析是通过破坏创造的艺术。

——P. S. 巴伯（P. S. Baber）

我们团队搬进了莱克兰地区医疗中心的一个办公室后，随即开始工作。我们收集了大量关于成本、利用率和质量的数据，绘制了关键的操作流程，审查了工作说明，采访了数百人，并完成了广泛的工作取样。我们也审查了政策，观察了几台外科手术，分析了需求和需求模式，审查了所有财务的输入、处理逻辑和输出，审查了临床和操作信息系统。最后，我们构建了目前医院的增值结构。结果令人吃惊。

运营成本

尽管有闪烁的灯光、精湛的技术和闪亮的新设备，但医院仍然是一家劳动密集型企业。事实上，我唯一能想到的，更加劳动密集型的产业是农业、建筑、酒店、食品服务和专业服务。根据维基百科显示，在俄亥俄州中部7家最大的非政府企业中，有4家是医院或医院体系。在2016年，它们雇用了近5万人。

当开始工作时，我们的首要任务之一，就是集中精力处理它们的收益表。我们确保自己理解了成本和收益类别中所有行列项目的定义。

当时，医院的定价与实际成本几乎没有相似之处。莱克兰地区医疗中心对每一项执行的手术和治疗的情况，都有标准价格。但这些是要求没有保险的自费病人支付的价格，而且自费病人只占不到5%的医院需求。另外95%以上的医疗需求是通过医疗保险、医疗补助计划或私人保险报销的，这些都是经过协商后支付的金额，与医院的"标准"价格无关。因此，营业收入金额是净收入。1985年收益表显示的净收入是2.18亿美元，如表3-1所示。

费用类别更加明确。通过研究每一类别，我们发现，它们通常都是表面上看起来的样子。由于莱克兰地区医疗中心是一个免税的、非营利的公共机构，因此政府禁止其获得收益。相反，任何盈余的资金都被存入储备账户，为未来的资本需求或运营亏损提供资金。尽管如此，在1986年，对一家医院来说，莱克兰地区医疗中心的8.3%营业利润率还是非常高的。

我们查看了往前几年的成本数据，对所有上升或下行的趋势提出了疑问。然后我们将一些费用类别进行组合，得出了医院的基本成本结构，如图3-1所示。

表3-1 1985年莱克兰地区医疗中心收益表

收入规模			$462,000
	折扣		$-149,000
	销账		$-95,000
净收入			$218,000
支出			
	人工费		
		薪水	$97,200
		员工福利	$17,200
	供应		
		药品/手术供应	$30,200
		药物/血液	$10,400
	设施		
		公共设备	$2,800
		维护	$5,000
	保险		$2,200
	其他服务		
		承包商	$8,200
		专业费用	$6,400
	折旧/摊销		$9,600
	利息		$6,000
	其他		$4,800
总支出			$200,000
贡献储备资金			$18,000

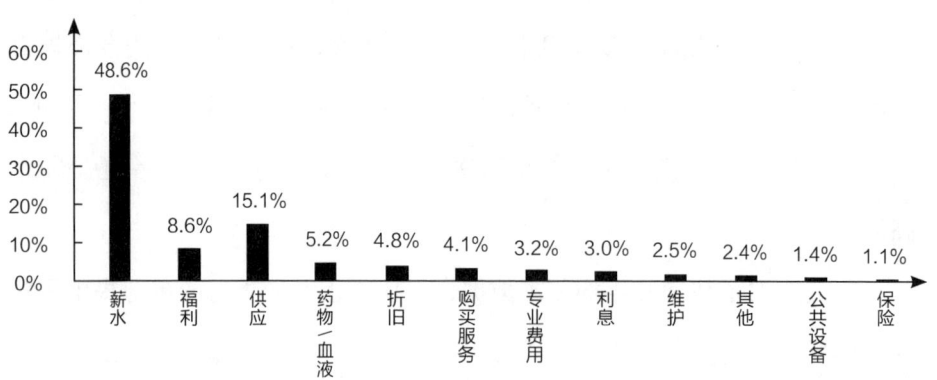

图3-1 莱克兰地区医疗中心成本结构图

观察图3-1中的前两类成本——薪水和福利。它们合计起来，占总成本的57.2%。这就是劳动密集型企业看起来的样子。供应成本上升到15.1%，如果算上药物和血液的成本，这个比例是20.3%。但对于所有其他类别的成本，每一项都低于总成本的5%。所以你认为医院应该想出什么改进手段？

资本成本

仔细观察这些图表，你可以从中看出企业的资本密集度。资本成本是通过折旧和摊销反映出来的。对于非会计人员，它是这样工作的：当一家医院购买一项资本资产，比如以7.5万美元的价格购买一台X光机，把它作为年经费来记录，是有误导性的。因为在未来的许多年里，医院将利用它，从中得到价值。

假设这台X光机的预计使用年限是10年。会计会把7.5万美元的成本添加到资产负债表上，减轻资产负债表的负担，并在10年内每年收取7 500美元的损益表费用。这就是所谓的折旧。无形资产会被称为摊销，比如技术许可或专利。因此，企业的年度资本成本，用年度折旧和摊销总额来表示，在这个案例中它是4.8%。莱克兰地区医疗中心的劳动力成本，是资本成本的11.9倍。例如，在石油加工这样资本密集型的行业中，资本成本通常高于劳动力成本。

从另一个角度来看，莱克兰执行总裁杰克·斯蒂芬斯可以让他的资本资产翻一番，床位数量从650张翻一倍至1 300张，电脑断层扫描机器从2台翻一倍至4台，手术室从12间翻一倍至24间，如果他能降低仅仅8.4%的劳动力成本的话，任何事物都翻一番。这种认知在以后将变得非常重要。

组织架构

莱克兰地区医疗中心就像当时大多数医院一样，是按功能来组建的。杰克·斯蒂芬斯有一张十分直观的组织架构图，每一块都代表一个独立的职能部门，比如护理部或信息技术部。如图3-2所示，您可能会惊讶于组织架构图中没有显示医生。在20世纪80年代的美国，除了放射科医师和病理学家外，医院很少雇用医生。这些医生是独立的，他们通过医务主任与医院联系，医务主任承认其能力并给予合格的当地医生特权。

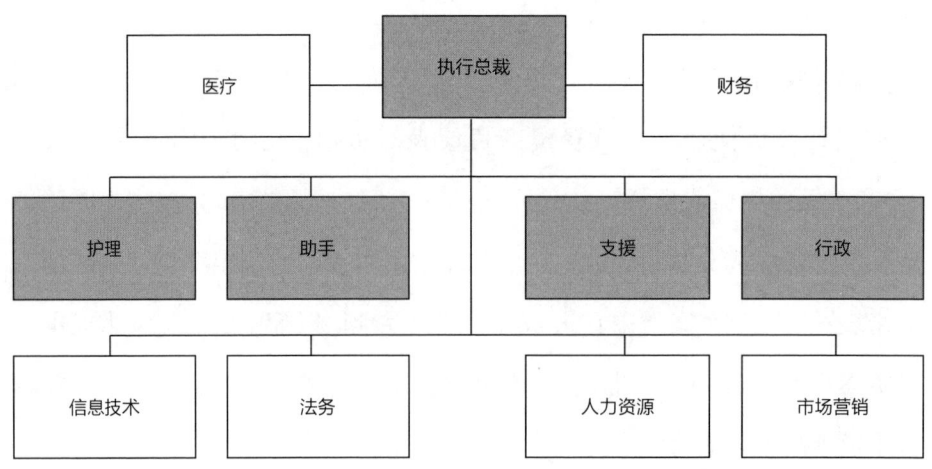

图3-2 莱克兰地区医疗中心组织架构图

灰色阴影部分是核心部门。95%的员工，都在这4个部门中的其中一个部门里工作。

第三章 变革推动者的命运

护理	辅助服务
楼层护理	放射科
急诊室护理	病理实验室
手术室护理	手术室
重症监护护理	急诊室
支援服务	行政服务
餐饮服务	住院部
病房服务	病人记录
运输	收费
工程	办事员

图3-3 莱克兰地区医疗中心路线组织图

每个部门都倾向于成为一个多级层次结构的、被授权的职责所在，以下是主要运营部门的架构：

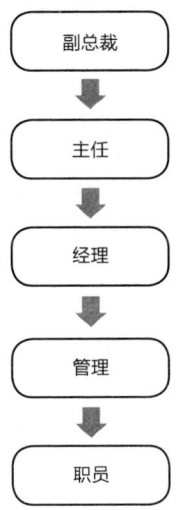

图3-4 莱克兰地区医疗中心典型功能层级图

从一个工作人员看待等级的视角来绘制组织结构图，可能更有趣。在这个案例中，我们选取一个典型的注册护士视角：

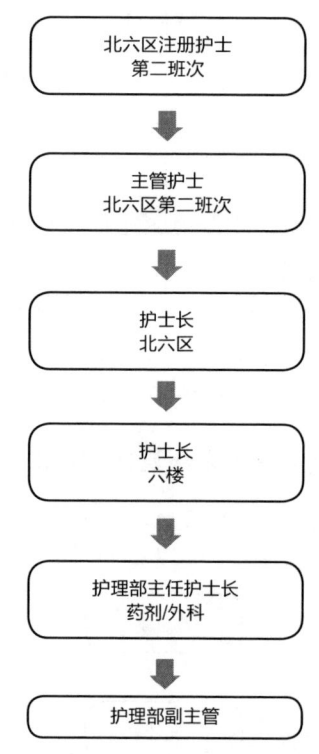

图3-5 莱克兰地区医疗中心自下而上的组织图

注意护理部门的层级结构和较小的职能范围。是的，护士负责大部分提供给病人的临床护理工作，但是并不负责病人护理支持的其他方面，比如采血、呼吸疗法治疗、病房服务、运输和其他集中医疗服务。

设施

医院的物理布局，基于病患病人照护和集中服务。莱克兰地区医疗中心是一座8层楼高的建筑，它的形状像一个巨大的H。每层楼都有4只翅膀，两端各有2只，中间有一个宽敞的连接建筑，是物品储存、办公室和公共区域所在地。医疗中心共有26个住院病人照护单元，共有6层，每层4个单元，其他两个单元在另一层，而且都安置在建筑两翼。每个单元有10~30张床，它们为不同类型的病人而设：特级护理、精神病护理、通用医疗或外科手术、心脏外科、矫形外科和重症监护等。住院工作人员试图将病人安置在指定的病房和楼层，这些病房为提供他们所需的护理而设，但在住院率高的时期，这往往是不可能的。

在医院的一二层和地下室，均设有中央辅助及支援服务——住院部、放射科、实验室、餐饮服务和自助餐厅以及手术室和急诊室。这看起来可能很像你现在所熟悉的医院。

由于设施的设计和集中辅助服务的位置，莱克兰地区医疗中心的一个主要问题是，病人和工作人员的运输。在本节之后，我们将看到有多少资源用于医院周围移动工作人员和病人。

工作

当大多数人想到医院里的工作范围时，他们想到的是医生、护士、助手、接待员和X光技师等。但事情并没有那么简单。多年来，医院里的大多数职位，已经变得越来越专业化。以前你的护士会在实验室测试抽血，并进行简单的呼吸疗法治疗。到1986年，已经有了除了抽血以外什么都不做的抽血医师和耗费一天的时间只做简单呼吸治疗的专业治疗师。此外，为了从更贵的注册护士那里获得最大的利用率，医院把他们的工作分成不同的任务，并引进低薪的执业护士和助手来分担这种低价值的工作。

我们开始在研究不同工作类别的雇员人数这一项目上，进行我们的调查。

表3-2中最能说明问题的数字之一，是文书支援人员的人数——648名。记得莱克兰地区医疗中心，在1986年有650个床位。这意味着，从概念上来说，我们可以为每个住院病人分配一名办事员。然后工作人员就可以跟踪病人，处理所有的文件。事实上，我们本可以取消所有需要跟踪病人活动和账单信息的系统和流程。

表3-2 莱克兰地区医疗中心职员类型

经理和管理人	255
行政专业人员	135
文书支援人员	648
护士和技术员	2 336
工人	850
	4 224

随后，我们查看了医院所有非管理人员的培训和教育要求。尽管人们对医疗保健的高科技本质有很多见解，但莱克兰地区医疗中心有整整50%的工作要求是高中或以下学历，如表3-3所示。这些人员包括文书支援人员、行政专业人员，甚至一些技术人员和临床工作人员。

表3-3 莱克兰地区医疗中心职员教育要求

硕士学位	59
学士学位	188
注册护士	941
副学士学位	425
贸易或技术培训	358
高中文凭或以下	1 998
	3 969

最后，我们查看了莱克兰地区医疗中心每个独特工作的职位分类，记录了每个职位有多少全职员工。表3-4显示，医院有565个独特职位，其中39%的职位上只有1名全职员工。我们还不是非常明白这意味着什么，但我们知道，在某种程度上它很值得注意。

表3-4 莱克兰地区医疗中心全职员工职位分类

受薪全职员工	职位
1	220
2~5	118
6~10	45
11~25	38
26~50	17
50+	9
	565

工作流程

我们团队花了相当多的时间,记录了医院的关键过程和工作流程。例如,预约和完成实验室测试,订购和分发药品,把病人从病房转移到手术室,以及提供和记录床边护理。

在第一章中,我们看到了为住院病人预约和完成X光检查的过程。如前所述,如果运输人员第一次到的时候,病人就在房间里,那么这个过程包括21个不同的步骤。如果不是,其中3个步骤要重复多次,直到找到病人,而实际进行X光检查仅需一步。这个相对简单的过程,要求9个不同的医院员工来执行,这需要用到两种不同的计算机系统。在这个过程中,病人不得不断断续续地等待45分钟以上。

将此与家庭医生办公室进行对比:你的医生决定给你做个胸透。注册护士带你穿过大厅进入X光室,拍了X光片。你回到诊断室的同时,注册护士冲洗底片,放到屏幕上让医生看。10分钟后,医生回到诊断室说:"一切看起来都很好。"

这并不是说,董事会认证的放射科医生不应该参与这个过程,只是这个过程本身不必如此漫长和复杂。

图3-6以一种稍微不同的形式再现了第一章中的X光检查流程图。注意记录和分派,以及病人需要等待的时间。这些活动并不能给病人带来任何好处,反而会成为主要的刺激来源。

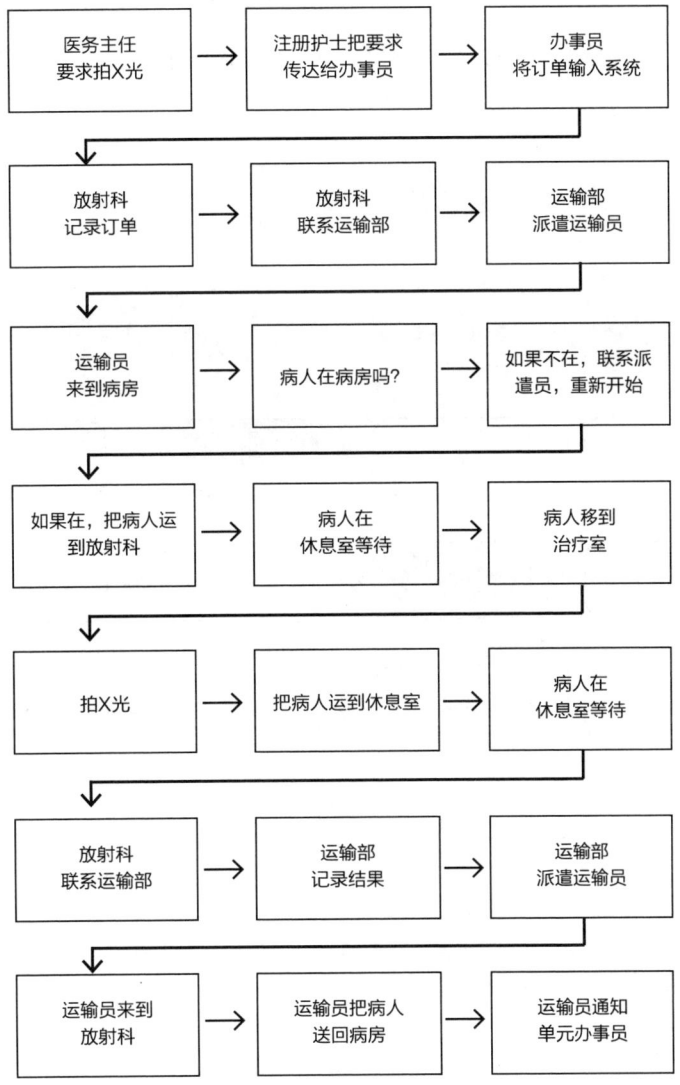

图3-6 莱克兰地区医疗中心X光检查流程图

接下来，你会看到1986年的流程图，病人从他们的房间到手术室做胆囊切除手术，进入恢复区，然后回到他们的房间。由于篇幅的考虑，我没有在每个框中描述工作步骤。相反，我只选取每个工作步骤的第1个词来简单展示这一流程。

术前实验室测试：

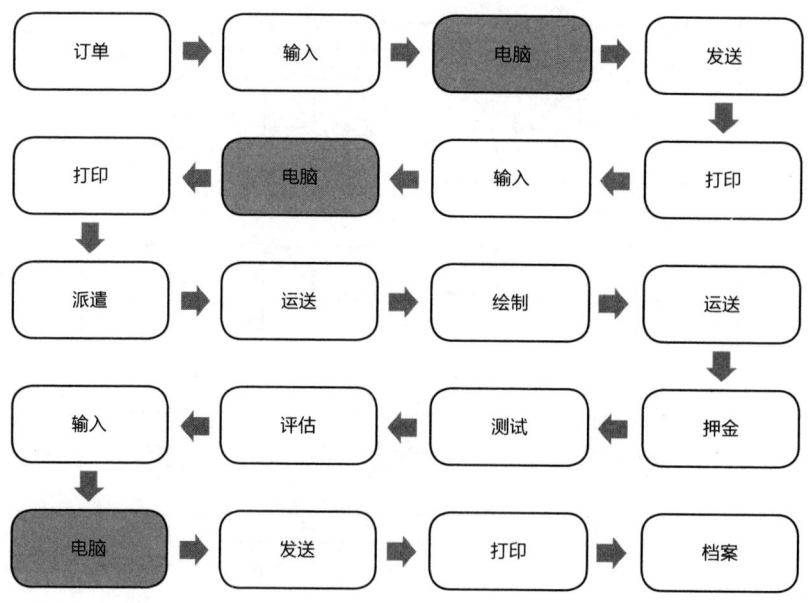

第三章 变革推动者的命运

术前镇静：

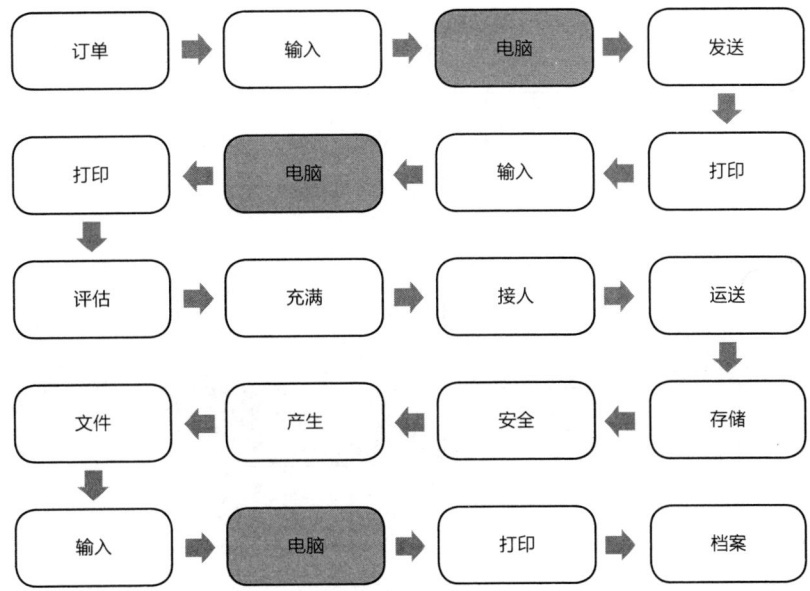

护理单元准备：

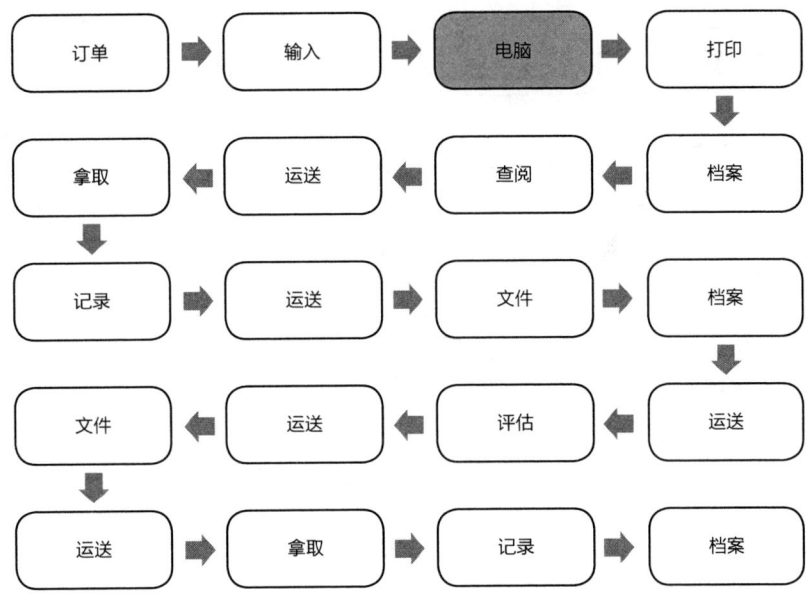

运送到手术室：

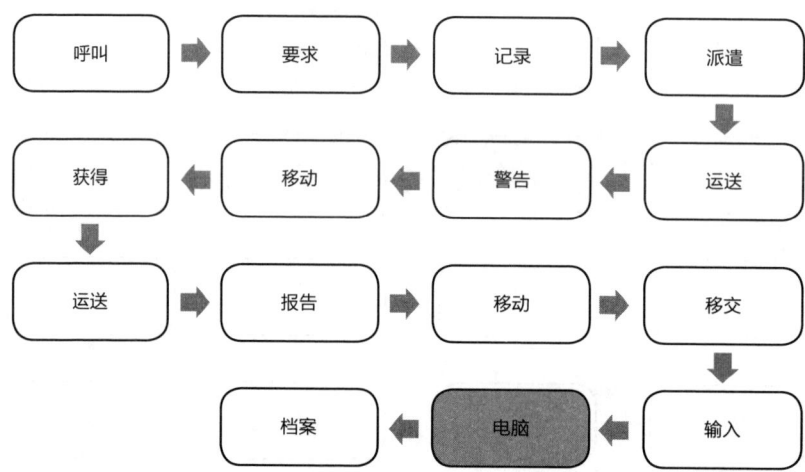

术前：

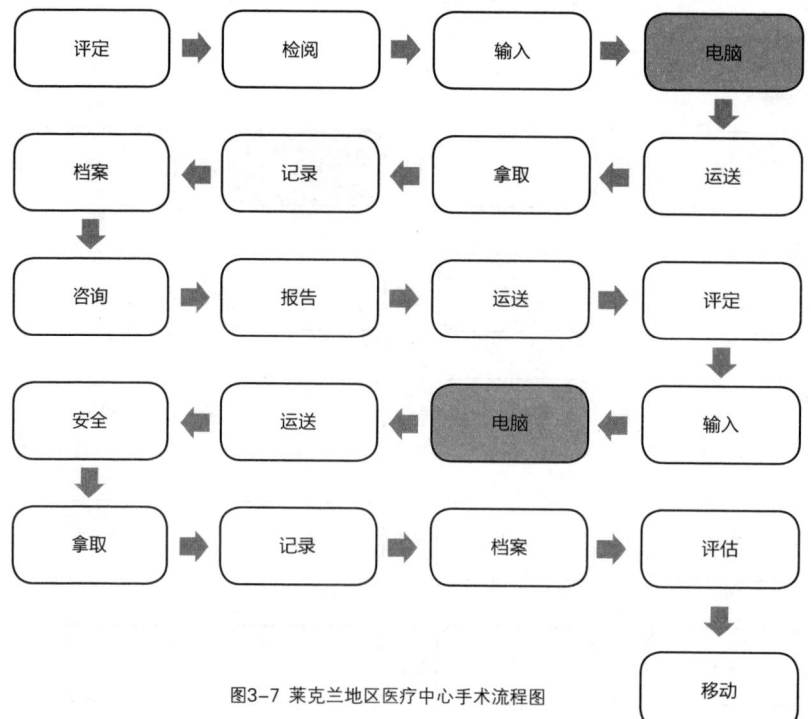

图3-7 莱克兰地区医疗中心手术流程图

术后恢复:

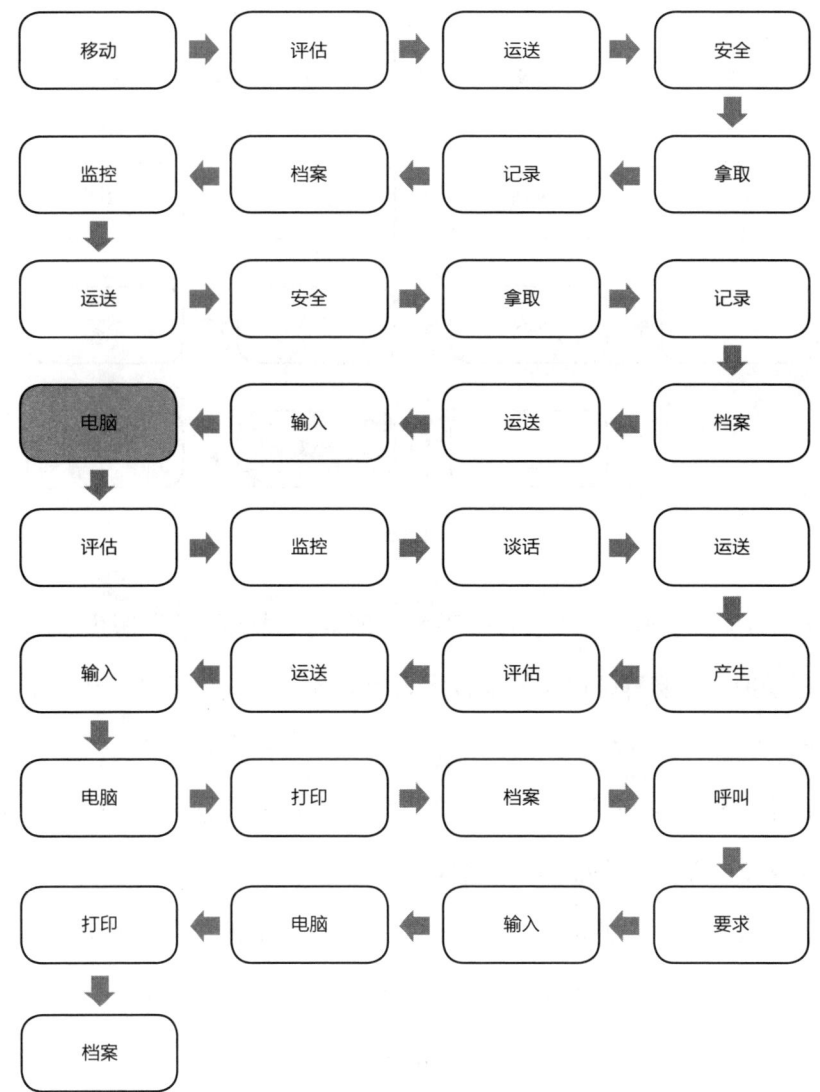

运到病房：

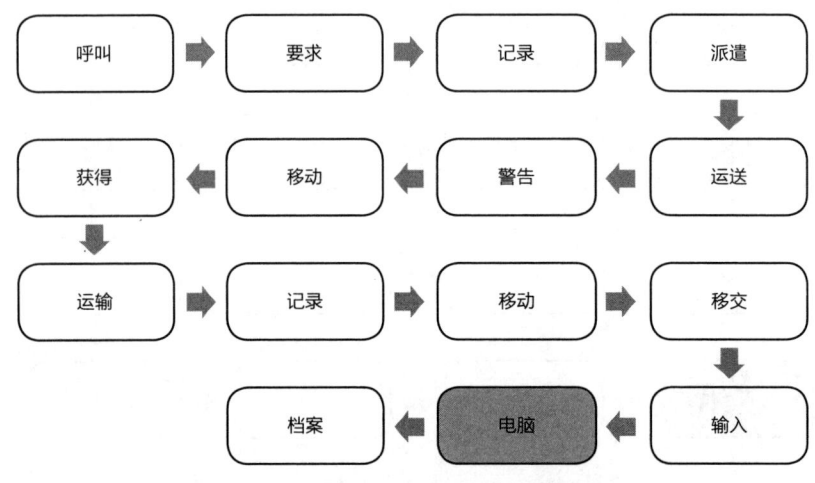

图3-8 手术过程图

140项流程步骤，2个小时的手术，所需人员包括外科医生、擦洗护士、记录护士、麻醉师以及其他技术人员和助手，这仅仅是一台手术的基本操作。

每个工作步骤都是这样的，"将药房订单输入药房系统"或"把病人送到手术室"或"记录病人的生命体征"。

合计有34名不同的员工去完成这些任务，还不包括在手术室工作的任何人。总的来说，他们隶属8个部门，最终向4位副总裁汇报工作。患者参与69（48%）个流程步骤，并与其中22名员工直接互动。

员工需要登录计算机，在12处不同地方输入信息。这需要使用4种不同的系统，其中任何1种都不与其他3种系统相连，每个系统都涵盖一个独立的数据库。这也可以从该过程中被要求完成每一个步骤的员工类型中体现出来。57%的工作是由办事员和助手来执行。

表3-5 莱克兰地区医疗中心员工类型

医务主任	7
技术人员	23
注册护士	34
助手	45
办事员	38
	144

最后，我们发现医院里没有一个员工能够将这个过程从头到尾地绘制出来。大多数人知道在他们之前的几个步骤，或许也知道在他们之后的几个步骤。这个过程的长度和复杂性，似乎显然是由职能组织结构、局限的工作范围，以及对集中服务的严重依赖性造成的。

护理的连续性

如果你曾经是医院的病人，或者在急诊室接受过治疗，我冒昧地猜测一下，你会与各种各样的人打交道——医生、护士、助手、技术人员、其他技术人员和办事员。从病人护理的角度来看，这并不是一件好事。

病症较严重的病人，通常会对不断有陌生人进出房间这一现象感到不舒服。这些工作人员中，很多人提出的问题，病人已经被问过并回答过好几次了。这并不能让他们安心。

我们称这些看起来无穷无尽的员工为"巡游队伍中的面孔",而后记录了这一数字并用于各种程序和住院治疗。

表3-6 "巡游队伍中的面孔"

类型	联系人数量
护理	32
饮食	12
辅助性服务	8
中央运输	6
客房服务	5
其他	4
	67

需求量模式

住院病人和门诊病人对医院程序的需求,总体上是相当稳定的。但在不同的病人之间,差异很大。我们获取了每个单元的床位容量、入住率和需求标准差,以及医院的总需求。在正态分布中,需求会下降至一个标准偏差的68%,两个标准偏差的95%。

医院的650张床位容量,被分配到26个不同的单元之中。大多是普通医疗或外科楼层,在那里,能得到护理的病人范围最广。住院室试图把病症相似的病人安排在同一个病房,但往往做不到。表3-7是1985年莱克兰地区医疗中心住院病人需求情况表。

表3-7 1985年莱克兰地区医疗中心住院病人需求情况

单元	类型	病床容量	平均占有率	人数顶峰	人数低谷	标准差
东2	重症监护室/心脏重症监护室	20	90%	20	10	5.3
南2	新生儿	10	80%	10	6	4.6
东3	医疗/外科	25	90%	25	10	8.3
南3	医疗/外科	25	83%	25	9	6.3
西3	医疗/外科	25	82%	25	12	8.5
北3	医疗/外科	25	91%	25	10	7.9
东4	正交	30	95%	30	11	8.8
南4	神经	30	90%	30	9	6.4
西4	医疗/外科	30	81%	30	6	8.4
北4	医疗/外科	30	83%	30	11	7.3
东5	心脏病	25	79%	25	8	6.6
南5	心脏内科	25	82%	25	6	7.9
西5	肿瘤	25	89%	25	7	8.5
北5	癌症专科	25	84%	25	12	8.5
东6	医疗/外科	25	88%	25	8	6.3
南6	医疗/外科	25	82%	25	9	5.1
西6	医疗/外科	25	79%	25	6	6.3
北6	儿科	25	74%	25	14	6.5
东7	妇产科	30	75%	30	12	6.1
南7	妇产科/助产士	30	75%	30	9	8.4
西7	医疗/外科	30	88%	30	8	5.5
北7	医疗/外科	30	89%	30	7	9.1
东8	医疗/外科	20	91%	20	9	7.4
南8	医疗/外科	20	90%	20	7	8.3
西8	医疗/外科	20	85%	20	8	8.2
8B	医疗/外科	20	84%	20	6	9.2
单元总数		650	85%	650	230	189.7
医院总数		650	85%	650	480	83.2

请注意在单元级别上的极端需求变化性。以西单元6层为例：它的床位容量为25张，1985年的入住率为79%，这低于医院85%的平均入住水平。日需求量标准差为6.3，这意味着每天的人口普查范围始终在12～25。

单位水平的需求标准差，为平均每日人口普查的34%。在医院层面，标准差下降到平均每日人口普查的15%，变化性减少了227%。这一点在以后也很重要。

系统

计算机时代始于20世纪50年代末，但直到20世纪70年代初，硬件和软件才在美国企业中得到常规应用。1971年，当我开始在一家先进的制造公司工作时，所有的记录都是手工记录的，包括库存记录、采购订单、零件规格和工厂订单，凡是你能说出的都是。直到1972年，我们才开始引进正式的、计算机化的采购、生产和库存管理系统。

医院的信息技术（IT），也在同样的时间轴上逐步形成。1986年，LRMC有7个信息技术系统在运行，但是它们中的每一个都是未集成的和独立的，并且只支持一个功能区域。它们包括：

- 住院系统
- 配药系统
- 实验室系统
- 放射医疗系统
- 记账系统

- 计费系统
- 医疗编码系统

所有护理单位或手术室的病人护理文件，都是手工记录的。护士们手写护理笔记，以记录他们提供的所有护理服务。单位的办事员整理病人档案，包括医生的书面医嘱、护士的书面笔记、化验结果、放射学报告、药品记录以及病人护理的方方面面。胆囊切除的病人在医院停留4天，通常会留下12.7厘米厚的典型档案。这些数据将被发送到医疗记录，以便转到医疗编码系统中，医疗编码系统转而又将这些数据发送到计费部门，以进入计费系统。虽然这似乎是一个笨重且低效的方法，但这是当时的典型情况。也就是说，这是一个需要注意的领域，它会成为预期中的许多结构改革的推动者。

增值结构

每个企业都有一批购买的资源，如原材料和组件、资产和服务，并将它们转换为可供销售的产品或服务。企业所做的这些工作，被称为增值。换句话说，它是由所有类别的劳动力进行的各种活动，以购买的材料和资本资产创造产品或服务。最终完成的主要诊断分析，是莱克兰区域增值结构的构建。

在莱克兰地区医疗中心，我们收集了35万个时间点的观察数据，这些数据来自不同部门、不同工作日、不同工作时间的各类员工。每天，每4

位中的1位博思艾伦的工作人员,都要围绕特定楼层的设施设计1条1分钟的步行路线,并挑选10名在该楼层不同区域工作的不同员工进行观察。然后,当博思艾伦的员工第一次看到,他们每分钟走完这条路线时,他们会在医院员工所从事的活动旁边打钩。我们指定的活动是:

- 医疗、技术或临床工作
- 临床医疗文件
- 餐饮服务或酒店工作
- 与患者一同出游
- 制度文件
- 员工旅游
- 安排和协调工作
- 管理或监督
- "准备行动"(即空闲时间)

这个团队花了3个星期的时间,在整个医院的大厅里走来走去。他们挑选要接受观察的员工,以便提供整个从业员工群体的代表性样本。他们观察了护士、X光技术人员、单位办事员、交通调度员、抽血医生、康复室助手、住院职员、会计师、护理主任、管家、药剂师以及其他所有人。无论白天黑夜,这个团队在一周的所有时间里都在工作。

根据每个类别的员工数量,加权得出的结果,简直令人震惊。对于功能性组织、过于专业化的问题和过于复杂的流程问题,杰克·斯蒂芬斯和他的管理团队是很熟悉的,但没有人知道接下来我们会学到哪些新知识。

如表3-8所示,医院内最大的资源消耗是临床文件。员工有30%的工作时间,都花在了写东西和归档上。临床记录时间,超过临床工作时间。护士和技术人员花在记录工作上的时间,比实际工作时间更长。而制度文件,包括住院纸质文档、员工日程安排、时间报告、质量调查,几乎是同样糟糕。

表3-8 莱克兰地区医疗中心增值结构

临床文件	19%
"准备行动"(空闲时间)	19%
调度和协调	16%
医学、技术和临床工作	14%
制度文件	11%
酒店服务工作	8%
管理和监督	7%
运输病人	3%
调度员工	3%
	100%

其次,19%的劳动力成本是"准备行动"状态,所导致的结果可以说是纯粹的空闲时间。大概85%的空闲时间,本质上是结构性的,这意味着

员工并不懒惰，他们只是在等着做点什么。如果你负责接电话的任务，你一直闲坐着，而电话却没有响，那么你的闲坐并不是你自己的错。这完全取决于对你工作的定义。这就是所谓的结构性空闲时间。

作为一个潜在的未来病人，我喜欢一些结构性空闲时间的想法。如果所有员工都被100%地利用，我大概要为此忧虑了。但19%确实是一个非常大的利用比例，工作人员在等待工作上花了很多时间。

对团队来说，调度和协调时间并不奇怪。只要回顾一下流程图，你就会知道为什么了。我们对运输时间、工作人员还是病人的反应是一样的。

真正令人惊讶的发现是，医院只把14%的资源用于为病人提供医疗、技术或临床护理的活动，另外8%用于酒店式服务，如客房服务和餐饮服务。在某种程度上，这些活动是医院存在的唯一原因。然而，只有不到四分之一的资源用于这些项目。

该团队还在许多其他领域进行了分析，举几个例子来说，如药品配方、供应价格、维修保养成本、办公室人员配备和员工福利成本等。这些或其他领域似乎都不是业绩、满意度或成本的主要驱动因素。本节提出的9个分析，构成了我们定义问题和制定解决方案的基础。

第三章 变革推动者的命运

第二节 核心问题

问题不是停止的标志，而是指导方针。

——罗伯特·H.舒乐（Robert H.Schuller）

刚才提出的诊断分析，并没有定义一个问题或一组问题，它们仅仅提供事实。从注册护士的工作中分离，并创造一个新的职位，比如说静脉抽血医生，从本质上来说，这虽然不是一个好主意，但也不是一个坏主意。人们不能用分析数据飞跃到某种解决方案。分析数据必须首先定义和阐明的是问题，或者在本案例中来说必须先定义问题。

该团队综合了所有的分析，得出了结论，有6个核心问题。所有这些问题都是相互关联的，因此，必须有一个综合的解决办法。但现在，团队试图将每个问题隔离开，并清晰地表达出来。

功能性竖井

第一个问题是有功能性竖井的组织，它的定义是部门之间并不共享信息、工具、优先顺序和过程，是一个组织结构完全处于主导地位的组织。

显然，他们没有考虑过围绕病人或过程进行组织，尽管这可能更有意义。

这些独立的功能组织的存在，是流程复杂性的主要驱动因素，而流程复杂性在经营中处于主导地位。像大多数部门所做的那样，当一项活动涉及多个部门时，就需要调度、协调和切换工作流程。根据定义，这些切换扩展了流程。

功能性竖井还导致无法为结果分配责任。在多个功能组织参与递送一个服务的情况下，首席执行官是唯一对结果负有真正责任的人。

虽然不是功能组织的直接结果，但竖井是细分一个职位的工作，创造新的低薪职位的主要因素，并以此优化高薪员工的技能和培训。例如，创建一个助手职位来执行注册护士的一些技能含量低的职责。虽然这样的安排看起来是提高生产力的助推器，但不可避免地会导致与初衷背道而驰的协调和沟通需求。想象一下：当你创建了6个或8个这样的职位时，会发生什么？注册护士会变得更像是出租车调度员，而不是看护者。

也许最重要的问题是，医院内各职能组织对病人缺乏关注！职能组织最关心的是他们的工作量、员工级别、效率、成本和问题。病人是那些需要工作人员真诚地为之提供服务，并尽可能提供最好的护理的人。但病人并不是围绕组织运转的存在。

划分

医学界一直在推动专业知识和工作的专门化。仅仅成为一名外科医生，或者心脏外科医生，甚至是心脏瓣膜外科医生已经不够了。你需要成为一名心脏二尖瓣置换外科医生。其中一些要求是可以理解的，特别是对于医生和外科医生。通常，他们越专注，他们的专业知识和经验就越多。

但到1986年，医疗行业的专门化已经走得太远了。两百年来，护士们一直在抽血，而现在，一种叫作抽血师的新职位出现了，他唯一的工作就是抽血。两百年来，护士们一直在做生命体征的检查，而现在，一个叫作护士助手的新职位出现了，这个职位的职责就是检查生命体征。一百年来，护士们一直在执行一项常规的刺激肺量测定程序（在管子里吹气），而现在，高层派遣部门指派一名呼吸治疗师来做这项工作。

人们将"专门化"（specialization）定义为"献身于某一特定职业或活动领域的行为"，而将"划分"（compartmentalization）定义为"分门别类的行为，尤其是过分分门别类的行为"。这完美地描述了1986年莱克兰地区医疗中心的工作和组织。

所有这些专门化的结果，可以从莱克兰地区医疗中心定义的职位分类的数量，以及担任每个职位的全职员工数量中看出。在表3-4中，我们看到在莱克兰地区医疗中心占总数39%的220个独特的职位中，只有1名全职员工。

将这些划分的工作，以及其中隐含的专门化，与我们在上一节中观察到的那种需求变化性进行对比。通过对比，可以得出结构性闲置时间（准备行动）占增值结构19%的主要原因。

在极其复杂的过程中，工作划分也是一个主要的因素。工作定义越仔细，完成一项活动所需的人员就越多。你可以查证一下。

最后,划分是实现护理连续性的主要障碍。也就是说,这是一种和医疗保健专业人士的关系,比如你的护士,他长期以来为你提供了大量的医疗服务。如果连续性是一个目标,随着职责范围的扩大,工作内容就必须变得更加广泛。

在有价值的专门化和繁重的划分之间,有一条微妙的界线。当提供者的工作变得更加专门化时,提供者技能就可以得到开发和磨炼。但如果走得太远,过分专门化就会导致工作分工,分工转而又会导致复杂的过程以及严重的利用不足和护理连续性差。莱克兰地区医疗中心,以及当时几乎所有的医院,都超出了这条线。

过程复杂性

我们在第一章和第二章中看到了两个过程异常复杂的例子。团队在为莱克兰地区许多医疗中心工作的过程中,编制了很多这样的流程图。几乎所有的流程都是绘制的,涉及许多不同的员工。考虑到集中辅助服务的物理位置,许多过程步骤涉及工作人员和病人的运输,以及相应的人员调度和协调任务。

显然,简化主要流程必须是任何变革解决方案的一部分。但是,现行业务的性质表明,在进行这种简化之前,必须对组织进行重大变革,对工作定义进行划分和专门化,甚至对医院的实体布局进行改革。如果渐进地处理过程,就不会有重大或持久的变革。

第三章　变革推动者的命运

劳动力及资本平衡

在上一节中，我们展示了医院的年度资本成本为4.8%，而莱克兰地区医疗中心的劳动力成本是资本成本的11.9倍。劳动力成本与资本成本之间的交换显然是不平衡的。

这种对较低资本支出的偏好，显然是实验室和放射学等集中化辅助服务全部方法的驱动因素。反过来，它又导致了专门化、分区化工作的激增，其中许多工作涉及调度、协调、传输和文档编制。这是个大问题。

过多的文件

你会从莱克兰地区医疗中心的增值结构中回忆起，平均来说，医院所有员工资源的30%用于记录。临床记录，包括护士的笔记、实验室结果、放射学报告、药房订单、处方管理和生命体征图，占了工作人员三分之二的时间。机构文件、入院纸质文件、员工安排、时间报告和质量调查，则占了其余的部分。

当想到这一点时，你很快就会意识到这是一个站不住脚、不可持续的观点。如果护理人员只花一小部分时间来提供这种护理，并且花两倍的时间记录他们所做的事情，莱克兰地区医疗中心就无法提供越来越有竞争力和越来越复杂的病人护理。

这种环境不仅存在于单位护理人员中，而且几乎存在于医院的每个部门，除了食品服务和客房部。这种情况必须改变。

需求变化性

正如我们所看到的,在单元或过程级别上的日常变化是非常高的。在一个拥有25个床位的单元中,每日需求量的标准差为6.3。这意味着每天的人口调查范围通常在12~25人。这种变化使有效地为病人护理单位或给划分的部门配备工作人员几乎是不可能的。这种低效率表现在高水平的结构空闲时间——19%的资源,已准备好在整个组织内采取行动。

对一种情况的基本分析和对一个问题的定义之间,存在着微妙而重要的差别。推动医院经营业绩的条件——成本、质量、服务和满意度,显然是这6个因素的结果:(1)功能性竖井组织;(2)分工和过于专业化的工作;(3)那些过于复杂的过程;(4)劳动力和资本配置之间的不平衡;(5)过多的文档;(6)病人需求的变化性。

这些问题各自内部与彼此之间,都有相互依存的关系。功能组织和划分工作,导致过程更加冗长和复杂。需求的变化性妨碍了专门资源的利用,劳动力和资本配置之间的不平衡,导致了更多的工作专门化和更广泛的文档需求。

在与莱克兰地区医疗中心共事的第二阶段中,当我们开始定义变革的解决方案时,理解这些相互依赖关系变得至关重要。

第三章 变革推动者的命运

第二阶段

当我们的发现和结论在第一阶段的工作中出现时，我们就已经定期与莱克兰地区医疗中心的高级管理团队分享它们了。因此，这并不奇怪，杰克·斯蒂芬斯和他的整个团队，一致通过了我们第一阶段的最终报告。当他们要求我们设计一种递送病人护理的新方法，并开始以一种深思熟虑的方式进行测试时，我们也没有对此感到惊讶。在此之前的一段时间，杰克和我，还有我的搭档约翰和菲尔，一直在讨论如何进入下一阶段的工作。

我们都同意，下一步的工作需要设计和开发一个新的经营模式，并开始试点。第二阶段的工作需要6个月才能完成，我们的专业费用为80万美元。杰克在第一阶段的工作中已经投资了50万美元，他也认为这笔钱花得值。但考虑到医院行业的本地化性质，由他自己资助第二阶段的话，如果我们能达到我们所期望的结果，国内许多其他医院会最终受益于这种新方法，即使它们没有为最初的发展提供资金。我们一致认为这是个问题。

我们4个人想出了一个不常见的解决办法。我们打算在莱克兰地区医疗中心设计并开始测试新的经营模式，做了这个工作，我们会得到90万美元的报酬，而不是80万美元。但我们会说服全国其他5家先进的医院也加入进来。他们将收到第一阶段工作的所有调查结果和结论，并将积极参加第二阶段的工作。在第二阶段期间，他们将每月1次受邀参加为期6天的进展会议。每次会议他们最多可以带3个人参加，并将有充足的机会审查工作，参与讨论，并制订下一步计划。入场费的价格是15万美元。莱克兰地区医疗中心是第6家医院,收到15万美元入场费意味着,我们咨询建议所需的90万美元得到了全额资助。

亚特兰大的克劳福德朗医院、纳什维尔的范德堡大学医学中心、印第安纳波利斯的圣文森特医院、诺福克的圣塔拉健康照护中心和奥马哈的克拉克森医院同意加入这个团队。这些都是一些非常成功的医院,他们同意支付15万美元来观察、参与和分享别人的咨询项目。我们觉得很荣幸!

在6家医院的积极参与下,我们制定的变革解决方案彻底脱离了现行方法。

第三章　变革推动者的命运

第三节 变革解决方案

> 当我处理一个问题时，我从来没有想过美好的结果。我只考虑如何解决这个问题。但当我完成时，如果解决方案不美好，我就知道它错了。
>
> ——巴克敏斯特·富勒（Buckminster Fuller）

我们与所有6家参与的医院召开了一个启动会议，会议中我们深入地探讨了所有第一阶段的工作，并分享了第二阶段的工作计划。会后，我们回到了莱克兰地区继续工作。团队对医院经营的各种创新方法进行了头脑风暴，并进行了额外的分析，以预测这些潜在解决方案的成本、质量和服务影响。

经过几周的严格工作，团队开始导向追踪一种新经营模式的形式和结构。本节没有描述这个开发各种迭代的经历，只是简单地展示了我们的最终设计。我们提出并捍卫了8项革命性变革，如果共同实施，这些改革将显著改变医疗服务体系的性质，同时有效提高莱克兰地区医疗中心的成本利用率、质量和服务成果。我们建议这样改革：

1. 从功能组织到运营中心；

2. 从集中到基于单元的辅助服务；

3. 从护理人员到护理团队；

4. 从专业人员到交叉培训人员；

5. 从护理计划到协议；

6. 从常量文档到例外文档；

7. 从历史入住率到需求预测；

8. 从临时入院到总日程表。

操作中心

我们首先需要消除主导了现有组织的功能竖井，这是导致广泛的流程复杂性和工作专门化的主要原因。我们还需要利用这样一个事实，即需求水平一旦被聚合成更广泛的类别，就会开始稳定下来。例如，将神经外科、骨科和肿瘤外科手术合并到某种外科手术类别中。我们决定，病人应该在5个操作中心的其中1个接受治疗，每个中心都有一些共同的特点：

· 基于需求的：为了调整设计，增加重点、质量和效率，每个操作中心的病人的总护理需求将非常相似。举个例子，大多数外科病人会去同一个中心。

· 广博的：在必要的范围内，中心可以跨多个地理区域，以便利用共享的领导、多技能支持和必要的基础设施。为了抑制每日人口调查的可变性，并在适当护理团队的设计下，实现高水平的工作人员利用率，这一规模是必要的。

· 设备齐全的：每个中心将独立地给患者提供所需的绝大多数服务——临床、技术、行政和支持，从而最大限度地自治和消除交接流程。

这种方法允许莱克兰地区医疗中心实现定制服务，以满足具有相似需求模式和护理需求的患者群体的需求。典型的外科和内科患者在他们需求的关键方面和住院特点上有着深刻的不同。

表3-9 患者类型之间的一般差异

典型普外科患者		典型医学诊断患者
短期住院	意味着资源需求的巨大差异	长期住院
可调度		通常不可调度
可预见性护理		无预期护理
低服务需求		高效服务需求
工作日高峰		奉承普查模式

根据患者的临床和支持需求，将患者分为5个独特的操作中心，如表3-10所示。

表3-10 莱克兰地区医疗中心建议的病人中心

操作中心	主要病人中心	床位
诊断/门诊护理中心	测试、观察/门诊程序	80
创伤/重症监护中心	稳定/治疗	120
外科服务中心	手术/恢复	150
医疗中心	健康维护/新职介绍	180
家庭健康中心	心理、情感/环境关怀	120
		650

然后将中心内的患者群体按专科划分,并分组为单元。例如:

表3-11 外科服务专科

专科	预计人口调查	单元
骨外科	30	北5
肿瘤外科	30	南5
小儿外科	15	东5
神经外科	15	东5
普通外科	30	西5

最后,专科单元有针对不同子专科的房间组,如表3-12所示。

当病人入院时,他们首先被分配到对应的操作中心。在这个水平上,需求足够稳定,几乎不存在产能问题。然后,他们被分配到相应的专科单位。考虑到需求的可变性,在85%的情况下这是可能的。在上面的例子中，骨外科病人几乎总是被分配到骨外科病房单元。然后，在可行的情况下，他们被分配到单位内的子专科床位。

表3-12 骨外科子专科

专科	预计人口调查
全膝关节置换术	10
髋关节置换	10
肩关节置换术	5
手外科	3
踝关节外科	2
	30

如果这样的分配是不可行的，病人至少会在外科中心，也可能在骨科单位。受过综合训练的工作人员通常能够照顾这些病人。

重新部署辅助服务

然后，我们将注意力转向集中的辅助支持服务，这在很大程度上推动了当前的工作划分和流程复杂性。我们建议重新部署这些服务，目的是让它们更便于为病人提供帮助。

大部分经营单位会有自己的常规临床及技术服务支援能力，包括：

- 实验室检测：基础化学、血液学、凝血和尿液分析。
- 成像：简单的胸部和肢体诊断X光片。
- 药剂学：常用药物、麻醉剂和静脉注射药物。

- 呼吸疗法：常规床边治疗。
- 物理治疗：运动锻炼的范围。
- 电反应诊断：心电图仪。

我们将对工作人员进行综合培训，并在必要时颁发执照，以便提供这些基础服务。这还需要为每个操作中心购买基本设备，以启用这些基于单元的功能。例如，给每个外科服务单位购买一个基本的X光机。在基于单位的能力所带来的明显的劳动力节约的基础上，这些资本支出都很容易达到成本合理。

其他服务仍然集中。但他们在组织上与中心保持一致，而中心是他们能力的最大消费者。例如，到目前为止医疗中心是显微镜检查和细胞培养等更复杂的实验室服务的最大用户。因此，剩余的中心实验室是该中心的一部分，并根据需要向其他中心提供服务。

重新部署集中式服务的最后一个例子：我们把整个入院过程转移到操作中心、病房，最后转移到床边。按照预定的程序，在病人到达医院之前，院方已经收集到了他的许多入院信息。在程序进行的前一天，护理团队的成员会打电话给病人，查看相关信息，告诉他什么时候到，到哪个单元报到，以及第二天要找谁。然后病人到他的单元报到，在那里会有人带领他到自己的房间，并与护理人员见面。其中一名护理人员完成所有未完成的文书工作，然后病人正式入院。整个过程仅仅花了10分钟。对于计划外的入院，收集信息的时间要长一些，但患者通常仍可以在20分钟内入院。

第三章 变革推动者的命运

护理团队

一旦我们确定了5个操作中心，并为每个中心部署了基本的辅助服务后，我们就能将患者护理的优势转移回单元。这使我们能够处理分区、结构空闲时间和流程复杂性的问题。我们突然想到，护理结对是床边病人护理的主要分配方式。每一对都将包括一名注册护士和一名技术人员，其中至少有一人接受过综合培训，并获得执照，他们可以完成特定患者群体所需的90%以上的护理工作。在重组之前，这些护理小组的许多成员都是实验室或放射学技术人员，并且已经获得了在该单元执行一些程序的许可证。

在某些情况下，一个护理三人组，包括一个注册护士和两名技术人员。或者反过来，即两个注册护士和一名技术人员，其实那样更说得通。如果适当地满足特定患者群体的需要，并实现高水平的资源利用，这样的制度也完全可以。

我们将护理结对的概念，发展为一个自我导向的工作团队。这意味着，虽然注册护士是名义上的团队领导者，但通常患者护理是由任何可用的团队成员提供的。基本上每对护理员都是在实时的基础上，划分和共享工作的。显然，有些事情需要注册护士许可证才能执行，比如通过调解和执行评估，但剩下的工作都是两人共同完成的。如果注册护士很忙，技术人员会把病人放在轮椅上，带他到楼下，从大厅到放射科，拍X光片，然后把病人送回床上。假设他们都有执照，在技术人员很忙的情况下，就由

注册护士拍X光片。

从字面上看，90%以上的临床和技术病人的护理和支持，是由一对自我导向的护理结对提供的。他们不需要许可，不需要被安排，也不需要监督。每一对都只是给4个或者5个病人提供治疗。

然后，我们通过轮班和一周七日制度，把护理结对联系起来。莱克兰地区医疗中心采取了这种全新的方法，来调度护理资源。在工作日，星期一至星期五，员工三班倒；从上午7点工作到下午3点，下午3点到晚上11点，或者晚上11点到上午7点。他们每周工作40个小时，享受全额福利，没错，他们每个周末都休假。周末的工作人员是周六和周日两班，每班12个小时。尽管周末员工的工作时间仅24个小时，但依然能得到40个小时工作时间的薪资，不过他们没有任何福利。

这意味着莱克兰地区医疗中心可以将每个不同班次的护理结对联系起来。3个工作日护理结对和2个周末护理结对，可以为指定患者提供每周7天，每天24个小时的护理，如表3-13所示。

表3-13 护理结对部署

	周一	周二	周三	周四	周五	周六	周日
周一至周五日班	AB	AB	AB	AB	AB		
周一至周五晚班	CD	CD	CD	CD	CD		
周一至周五夜班	EF	EF	EF	EF	EF		
周末日班						GH	GH
周末夜班						IJ	IJ

第三章 变革推动者的命运

还记得"巡游队伍中的面孔"吗？46名不同的护理、支持和运输人员，在一个典型的为期4天住院时间段内，与病人进行互动。对于一些短期住院的病人来说，有了相互关联的护理结对，护理、支持和运输人员的数量可能会减少到10人，而对于一周或更长时间的住院病人来说，工作人数可能会达到15人。这大大促进了护理工作的连续性。

综合训练

一个新方法的关键推动者，会成为莱克兰地区医疗中心综合培训的助力，并在必要时可以对组成了提供病人护理团队的注册护士和技术人员给予许可。医院与当地一所社区学院合作，为各种临床培训制定课程，并鼓励和资助工作人员参加这些课程。

在杰克·斯蒂芬斯宣布，他有意为直接看护人开发一种新的薪酬体系后，员工们非常积极地巩固自己的技能基础。从历史上看，这些工作人员的薪酬是根据教育水平和任期而定的。拥有硕士学位的护士，比拥有副学士学位的护士的工资要高。一个工作10年的人，比一个工作2年的人挣得多。

在未来，对临床工作人员的唯一补偿基础，会变成掌握、展示并在必要时获得许可证的技术。一个全新的拥有学士学位的注册护士，没有额外的X光、实验室或物理治疗方面的培训，可能每小时赚20美元或每年4万美元；但拥有硕士学位的注册护士，有资格照顾各种类型的病人，并获得拍摄X光片和进行实验室测试的许可，可能会获得每小时50美元或每年10万美元的报酬。莱克兰地区医疗中心为技术、能力和灵活性付费。

让我们回到骨外科北5单元。医院可能会指派一名全新的注册护士与一名经验丰富的注册护士作为护理队的一部分。他们一起工作两周，照顾膝关节置换患者。然后这名注册护士将与一名技术人员配对，并在可能的情况下继续专注于膝关节置换。另一名注册护士可能在髋关节、膝关节和肩部置换方面有经验。为了满足不同的需求模式，他的护理结对，可以根据需要跨越几个子专科进行分配。

临床协议

历史上，护士为他们所护理的每个病人制订手写的护理计划。对于常见的程序和条件来说，虽然这相对更容易做到，但它确实导致了过多的时间被花费在临床文档上。这种情况必须改变。

人们将"协议"（protocol）定义为"实施病人治疗方案的计划"。在1986年，尽管莱克兰地区医疗中心所处理的许多病例和所执行的许多程序并没有成文的协议，但它们依然被广泛应用于治疗中。一般来说，患者所接受的护理方式都是针对其病情的，医疗费也在他们的预期范围之内。

举一个简单程序的例子，例如心脏搭桥手术。病人在手术前的下午进入医院。每个病人的术前护理几乎都是一样的：心电图、胸透、餐饮服务、到达当天的生命体征，还有实验室工作、后续生命体征测量，以及在手术当天早上服用镇静剂。术后也是同样的护理：4天的住院恢复时间，每2个小时测一次生命体征，一套治疗血液稀释和疼痛的药物等。

只是没有人把需要完成的工作任务或预期的结果写下来而已。一些治疗的详述就像处方订单一样，已经写好了。但是其他的任务都是口头交流，并由一个护理员传递给另一个护理员。每个病人都需要自己的护理计划。

这导致了临床文件数量非常多。护士、技术人员和单位办事员，必须计划和记录护理过程中的每一个离散元素。如果我们要对增值结构做出任何重大改进，就必须找到更好的办法。

医院需要为其提供的每一项手术或治疗制定协议。这些协议将按时间顺序规定护理的所有要素，以及预期的结果范围。协议将包括所有床边护理活动，所有常规处方药、实验室检查和X光检查程序。他们会在4个小时内，计算出病人预计需要的整个住院时间。

下面展示了一个简单的例子，来说明的两个步骤可能是什么样子的。

1. 术后测量
   - 血压
   - 心率和心律
   - 脉搏血氧仪测定氧饱和度
   - 提问体温
   - 四肢搏动
   - 呼吸频率
   - 疼痛程度
   - 中心静脉压，肺动脉压，心输出量，血浆清除率，体循环阻力
   - 混合静脉血氧饱和度
   - 作用于血管的收缩滴注浓度
2. 每15分钟×4，30分钟×2，然后是2小时测量
   - 血压
   - 心率

- 心律
- 呼吸频率

协议在以病人为中心的医院应用时,最耗时的活动是制定临床方案。它们主要是由经验丰富的护士拟定的,但随后其他注册护士、医生和不同的技术人员,会对方案进行多次审查。然后这些协议将被加载到一个新开发的系统中,也就是自动化案例管理器。

例外文件

基于每个程序或治疗协议的预期实用性,我们开发了一个称为"例外文件"的概念,护理人员将只记录这些预期规范的例外情况。

例如,当我们的心脏搭桥病人被送回心脏外科病房时,协议指示护理团队记录病人的生命体征。可接受的结果范围是:动脉压60~90mmHg,收缩压90~140mmHg,体温35~38.4℃。如果病人的生命体征在这些范围内,则不需要(或不允许)记录文件。但如果超出了这些可接受的范围,数据就会被记录下来。一旦情况不妙,就会通知医生。

下面展示了在它被扩展到一体化例外文件之后,上一部分提出的协议的例外情况:

3. 记录并通知医学博士以下结果:
   - 心脏指数 <2L/min/m2
   - 平均动脉压 <60mmHg 或 >90mmHg
   - 收缩压 >140mmHg 或 <90mmHg

第三章 变革推动者的命运

- 混合静脉血氧饱和度 <60%
- 心脏节律不整
- 体温 =35℃或 >38.5℃（95°F 或 >101.1°F）
- 胸管/引流管 >100ml/hr.×2 小时

这个文档处理过程，也是自动化案例研究系统的一部分。该系统还连接到药房、实验室和放射学系统，以便创建和维护完整的患者记录。

需求预测

莱克兰地区医疗中心从未真正做过精细的需求预测。管理人员利用常识研究历史季节性，发现其中的趋势。但考虑到许多入院的随机性和病情事实，他们只对26个病人护理单位和医院的总需求进行了统计，对外科、医学专科和子专科的需求则没有统计，只有具备最高程度的准确性，才有可能预测医院的总住院率。

由于操作中心新的组织架构，各中心内各专科及子专科的设置，更好、更可行的需求预测现在触手可及。

我们从操作中心的需求预测开始。其中4个单位有100多个床位的事实，使得在统计上需求数据几乎比任何时期都更具有重要意义。我们设计并开发了一个系统，以滚动预测未来12个月内所有的中心每天、每周和每月的需求。

例如，系统显示了客户对外科服务需求的每周偏好——工作日高、周末低，由流感季节、过敏季节等引起的，季节性偏倚的医疗需求。

然后我们尝试预测专科需求,如骨外科、神经外科、肿瘤外科和外科服务中心内的普外科。多数专科的历史需求具有统计学意义,但仅在月度和年度水平上。这仍然有助于制订适当的人员配备计划,并计算在一个中心工作一段时间所需的护理结对的总体数量。

在子专科方面,如骨外科的髋关节、膝关节和肩部整形,这些数据只支持年度需求预测。每天和每周的变化如此极端,以至于任何月度或周需求预测都毫无意义。

不过,这种年度预测对于确定一个具体单位内指定的子专科领域的规模来说是有价值的。例如,在30个床位的骨外科病房中,50%的床位可能被指定用于膝关节置换的病人,30%被指定用于髋关节置换的病人。这也是确定该单位需要的护理结对数量,及其最理想的培训、经验和资格的关键信息。

许多医院入院的内在随机性,使得需求预测非常困难。每个中心和单元的工作人员都必须适应不断变化的环境。但这些需求预测,在减轻适应负担方面有很大作用。

主日程安排

每个运营中心都需要一个计划员或制表人来预测需求,并制订人员配备和部署计划来满足这些需求,同时达到可接受的资源利用水平。这是医院的一个重要的新职位。

外科服务中心和一小部分家庭健康中心,包括产科和妇科,它们提供

第三章 变革推动者的命运

了一个将日程安排提升到更高层次的机会。这两个中心的大部分需求都是非紧急的，这意味着医护活动可以提前安排。

外科服务病人和他们的外科医生需要一间手术室、一间病房和一组护理人员。每一种方法都可能造成容量限制，而更复杂的日程安排可以更好地利用资源。

我们其中一个同事比尔·利安得（Bill Leander），开发了一个自动化的总日程安排系统，同时考虑了所有这些资源约束。在实施后的前6个月里，比尔担任了主日程安排系统的新职位。

当医生办公室打电话要求安排非急诊病人的手术日期时，比尔会输入病人的姓名和手术程序。该系统将查看手术室、单元和子专科床位的可用容量、单元护理结对和外科医生的首选时间表，并建议入院日期和手术时间。如果外科医生办公室要求时间提前，系统将提醒比尔，让他做出明智的判断，决定是否同意外科医生的要求。举个例子，如果一个髋关节置换病人最终接受了普通外科单元，这是没有问题的。但是，如果一个膝关节置换病人非要在肿瘤科接受治疗，这一要求将无法得到满足。

需求预测和主日程安排，都成为有效资源部署的主要推动者，大大促进了工作人员利用率的提高和护理工作的连续性。

最终，正如我在本节开头所说的，莱克兰地区医疗中心的核心问题是相互依赖的，以病人为中心的医院设计是迭代的和非线性的。我们开发的革命性解决方案是多层次的，其中的元素相互依赖。我们可以将其总结如下：

· 在患者护理需求具有相似性的基础上，明确地将护理资源组织成5个独特的操作单元。

· 更多的辅助和支持服务，如放射学、病理学、物理治疗和入院，根据规律被重新部署到每个操作中心的单元中。

· 建立的护理结对，将作为床边病人护理的主要资源。护理人员接受综合培训并获得执照，这样他们就可以为一组指定的医学或外科专业和子专科患者群体提供90%以上的护理。

· 为每种患者类型的每一项手术制定协议。例外文件构成了创建患者记录新方法的基础。

· 最后，开发需求预测系统，驱动各中心和单元的员工资源配置和部署计划。设置主日程安排程序，落实到位来管理这个过程。

新的组织结构如图3-9所示，它展示了医院对患者和综合患者护理的新关注。

第三章 变革推动者的命运

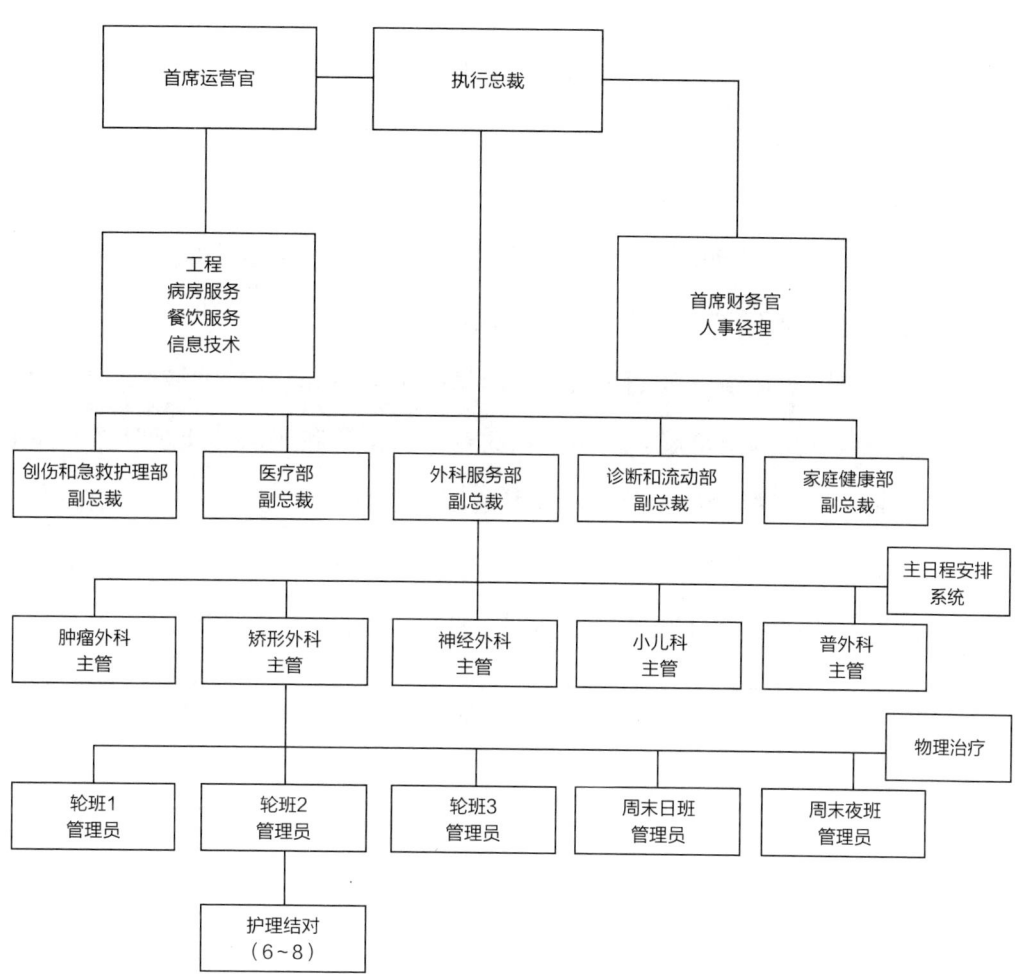

图3-9 以患者为中心的组织结构图

第三阶段

在第二阶段结束时，有3名与会者急于开始试验这一概念。我们都同意继续每月举行审查会议，以便每个与会者都能互相学习。我们还将与这3家医院独立开展工作，帮助它们设计试点项目、制定协议、培训员工，并测试新的经营策略。我们每个人的费用将足以提供足够的资源，使我们能够继续组织和领导每月的小组会议。

加里·肖斯、亚当·扎尔德（Adam Zander）、比尔·利安得和我，以及我的两位健康护理搭档约翰·史密斯和菲尔·莱斯罗普（Phil Lathrop），继续组成博思艾伦的核心团队。但此时，莱克兰地区医疗中心开始指派一些人参与试点实施工作。这些人将协助设计，然后成为第一批真正以病人为中心的医院工作人员。他们也是真正的先驱者。

第三章 变革推动者的命运

第四节 执行

在创造想法时要有创造力，但在实施想法时要有纪律。
——阿米特·卡兰特里（Amit Kalantri）

莱克兰地区医疗中心积极进行了试点，并实施了新的经营理念。在试点规划中共有5个新的操作中心，其中1个被称为外科服务中心，所有的普外科病人将在那里进行分组，并接受术前和术后的护理。我们选择了其中一个单元，最终它将成为该中心的一部分，之后，我们设计和实施了一个试点项目。我记得，这个单元最初由20张床位组成，但很快就扩大到40张床位。最终，该中心将由150张床位组成。

在项目实施之前，我们花了3个月的时间，与医生和临床工作人员合作，为分配给这个部门的每一项外科手术制定和记录协议。我们修改了物理空间，以适应基本的X光机、小型实验室和辅助药房。

我们设计了新的岗位，开发了新的岗位描述，为现有的临床工作人员提供了参与试点的机会。那些不愿参与试点工作的人被分配到其他单元，而选择成为先驱者的人会得到岗位培训，获得了提供各种临床程序和服务

的许可证。

我们开发了一个综合的日程安排系统，该系统考虑了床位容量、护理团队容量、手术室可得性和医生的选择，并以此优化这4个容量限制的利用，使医生可以轻松地安排他们的择期手术，同时为患者提供连续性的临床护理。我们还创建了一个名为日程安排主管的新职位，并对相关人员进行培训。他将负责管理系统，并安排患者进出病房，以及由此带来的护理连续性、员工和病床使用率，以及医生满意度问题。

随后，外科服务试点全面投入运营，几乎从一开始，试点的运转就十分顺利。在设计上，我们进行了一些调整，但在很大程度上，该中心的工作几乎完全符合我们的设想。

在进行所有工作的同时，我们还与管理层人员一起为另外4个操作单元的设计、开发和建造做准备。这种转变持续了好几年，尽管我们的直接参与开始减少，但管理部门接管了越来越多的领导层面的挑战。

这一变革倡议及实施历时约6年，它挑战了几乎所有关于医院运营管理的传统观念。毫无疑问，它是最好的变革机构，因为它广泛且具有战略性和开拓性。不得不说，这是我职业生涯的亮点。

第三章 变革推动者的命运

第五节 结果

> 普通人尝试无数的目标,却只能获得有限的成功。古怪的人只专注于一个上帝赋予的目标,却能取得巨大的成就。
>
> ——克雷格·葛士卓(Craig Groeschel)

我们在第二阶段得出的革命性解决方案,要求取消以功能为基础的组织,转而支持运营中心,并且团队实力非常雄厚,能够为其指定的患者群体提供95%的护理和支持。我们建议分散几个关键的辅助服务,并建议将X光机、基本实验室设备和卫星药房放置在所有中心和大多数病人的病房。我们提出了护理团队的概念,可以直接将至少90%的护理提供给指定的4或5名患者。我们建议为每个与诊断相关的群体(DRG)过程制定书面协议,并推荐一种名为"例外文件"的新策略。

现在,你应该能想象莱克兰地区医疗中心所能实现的效益有多大。考虑到我在前几节中给出的数据信息,我不会再详细讨论这里呈现的结果的驱动因素。

临床疗效

我们从最重要的结果,即临床疗效,或为患者实现预期临床结果的能力开始。

· 相同诊断或术后并发症及感染的再入院率下降,这可能是因为参加"巡游"的人更少了,病人护理的连续性也得到了改善。

· 用药错误的事件数量急剧下降,这可能是卫星药店和护理连续性改善的原因。

· 类似于跌倒的患者意外事件数量有所下降,这可能是因为患者更好地适应了他们所处的环境,并接受了更好的连续性护理。

· 所有外科中心患者的住院时间都下降了15%,这可能是因为标准化的护理方案和所提供的连续性护理起到了作用。

· 新外科手术中心的患者,术后体温峰值有所下降,这可能是因为更快的术后呼吸治疗直接由护理小组管理。

在新重组的操作中心,还有许多其他的病人恢复结果的比较指标。它们全部要么表现出有所改善,有时成果显著,要么就是表现没有变化。实例的结果从来没有下降过。

劳动力成本

劳动力成本大幅下降。在本章第一节中,我们指出历史劳动力成本占总成本的57.2%。在以病人为中心的新模式中,劳动力成本为47.9%,降低了16.3%。这显然是重新组织和部署资源、重新定义工作和权利,以及精简过程的结果。而完成这一目标所需的额外固定资产,只将资本成本从5%提高到了6%。

我们看到,在20世纪90年代实施以病人为中心的模式的其他医院中,劳动力相对成本也出现了类似的下降。

满意度构成比

无论如何,患者们都对这种新的护理模式感到兴奋。代表着行业标准的医疗保健研究公司Press Ganey的一项调查显示,患者满意度得分有了显著提高。而医疗中心的某一个单元,在第一个月的经营中,从医院评分最低的单元变成了评分最高的单元。

医生的反应更为多样。所有的医生都希望护理团队提供更高水平的护理和更有可用性的常规诊断测试结果。但是,新的方法需要对医生的行为进行一些重大的改变,比如适应新的主日程安排系统,适应例外文件的概念。一些医生反对这种改变。有趣的是,最大的抱怨者是其病人住院率最低的医生。大量的入院患者都很快地支持了这个计划。

员工们对新的运营模式也非常满意。不出所料,他们喜欢拥有授权的新感觉、来自患者的积极反馈、许多简化的流程,尤其是文档处理的新方法。工作日或周末轮班的选择大受欢迎。

增值结构

以病人为中心的重组,最显著的影响是由此产生的增值结构。一旦进行了适当改组,该小组会再一次在各单元的大厅里走动,捕捉选定的员工在相遇时所从事的活动。我们不得不做一些调整,因为大多数辅助服务在其他单元和中心转换期间仍然是集中的。表3-14显示,改组后增值结构发生了重大转变。

表3-14 改组后增值结构表

价值类型	旧 %	新 %
医疗、技术、临床	14%	36%
酒店服务	8%	13%
"准备行动"(闲置)	19%	12%
临床文件	19%	11%
日程安排和协调	16%	9%
制度文件	11%	8%
管理或监督	7%	7%
运输-患者	3%	2%
运输-工作人员	3%	2%
	100%	100%

以前,医院工作人员的重点是记录和安排活动,并等待这些活动的发生,而现在的重点显然是病人护理。直接用于病人护理的资源是那些使用传统手术方法医院的两倍。医护人员仍然有足够的结构性闲置时间,来处理紧急的和易变的需求。但是用于文件记录、行程安排、协调和运输的资源表示显著减少。

能够领导这项新方案是我的荣幸。它虽然借鉴了博思艾伦公司整个团队的变革管理经验，但它也需要创造性的、有纪律的思维来设想新的操作模式。

杰克·斯蒂芬斯和他的整个管理团队也必须接受变革，接受新理念对传统秩序的挑战。同样地，他们也面临着创造性和适应性的挑战。也许最重要的是，他们必须有面对一个行业的勇气。很多时候，他们的同龄人认为他们已经失去了理智。但是他们坚持下来了。我对他们深表敬意和钦佩。

下面是贝恩·法里斯（Bain Farris）给我讲的一个故事，他当时是印第安纳波利斯圣文森特医院的执行总裁。贝恩是莱克兰地区医疗中心的参与者之一，并在1989年开始积极实施以病人为中心的方法。

一天，贝恩正走在医院新改建的操作中心的大厅里。一位先生拦住他问道："你是这里的执行总裁吗？"

"是的。我是贝恩·法里斯。"

"那么，我要投诉。"那位先生说道，"我不喜欢被骗！"

"谁骗了你？"贝恩问道。

"今天早上我的医生和护士都对我撒了谎。"他说，"他们告诉我，我母亲在手术后不需要去重症监护室，可她现在就在那儿。"

"我不明白。"贝恩回答，"这不是重症监护室单元，是一个骨科手术单元。没有人骗你。"

"那不可能是真的。"那位越来越沮丧的先生说道，"自从她做完手术

回来,护士和技术人员就不停地进出她的房间。几乎所有时间都有人陪着她。"

"让我解释一下。"贝恩笑着说,"我们最近在医院实施了一种病人护理的新方法,我们分配两名训练有素的护理人员给你母亲和其他3名附近房间的患者。他们几乎负责你母亲的所有护理——检查生命体征、进行药物治疗、拍X光片、做实验室测试,什么都做,其中包括在你母亲手术之后,他们几乎要一直陪伴在她身边。"

"这真令人惊讶!"那位先生说道,"我还以为她在重症监护室呢。"

以病人为中心的医院,提供病人护理的革命性方法。这是一项令人称赞的伟大的事业。

第六节 后续跟进

> 没有什么，比带头尝试引进一个新秩序更困难，更危险，更不确定能否成功。
>
> ——尼古拉·马基雅弗利（Niccolo Machiavelli）

我一直拒绝描写这本书中所讨论的变革倡议的可持续性。首先，我不想陷入更多可能会分散注意力的信息中；其次，我不希望客户因无力执行而影响他们对案例研究的学习潜力；再次，这几十年里发生了许多变化，我早已与许多人和公司失去了联系，不知道他们大多数人现如今在做什么。

尽管如此，我还是重新访问了我在本书中撰写案例研究的5家公司，并试图确定我们推荐的改进措施是否得到了延续，而结果好坏参半。

塔吉特公司

在第二章中，我回顾了20世纪80年代为塔吉特公司所做的供应链管理工作。由于当时许多库存单位（SKU）在各家商店的销量不景气，他们现

行的高效分销系统,对每个商店施加了严厉的低效和成本惩罚。

我们的解决方案是,把整个程序颠倒过来。配送负责每天补充库存,并替换实际销售数量。如果商店卖了两瓶洗发水,仓库就送两瓶。如果商店每周营业7天,那么仓库也配送7天。虽然配送成本显著增加,但由于库存减少、收缩减少、商店劳动力成本降低和缺货减少,公司的净节省资金相当可观。

今天早上,我给当地塔吉特百货公司的经理打了电话。我只问了他两个问题,以确定塔吉特公司是否已经回归到一个高效的配送系统,这无疑能导致更大的仓储人工成本。首先,我问他,他们是否收到了滞销商品的补货订单,以防包装数量过多。他回答道,他们经常收到小量物品的装箱数补货,当没有空间把整个箱子放在架子上时,他们会把箱子放回后面的房间,这个过程现在似乎变成了一个动词:"拿去后仓"。

然后,我问他仓库发货的频率。他回答道,尽管这家店的客流量很大,但他们每周大概会收到5卡车的货,而其他商店每周只收到两三辆卡车的货。他还告诉我,配送公司最近试验了一种方法,即用较小的卡车更频繁地将满载的货物运往商店。但他表示:"这种方式无法带动经济运作。"

有时候,一个成功实施的变革新方案并不能长久,这是人的本性所决定的。可以的话,试着说服自己,如果所有的问题都一劳永逸地解决了,那么明天的变革推动者就没有什么可做的事了。谁知道塔吉特公司会不会成为阅读此书的读者耕耘的沃土。

第三章 变革推动者的命运

凯迪拉克汽车公司

在第一章中，我回顾了我们在1989年为凯迪拉克所做的工作。刚开始，我们评估了其营销计划的有效性。然而，我们在分析数据时了解到，其客户的平均年龄每年增长不止一岁。也就是说，它的客户群体正在衰减。最终我们得出的结论是：问题并没有出在营销上，而是出在产品和质量上，凯迪拉克已不再吸引年青一代。

事实证明，我们的担心是正确的。但是管理团队固执保守，拒绝变革。直到14年后，在2003年，凯迪拉克终于推出了CTS轿车来吸引年轻消费者，并试图恢复它的品牌、声誉和市场份额。

不幸的是，对于凯迪拉克汽车公司来说，我们所做的工作和它给出的反应都太少且太晚了。2016年凯迪拉克总销量为17万辆，仅为1986年销量水平的56%。这种结果实在令人悲哀。1986年，凯迪拉克公司成为美国第一大豪华车销售商。此时雷克萨斯汽车甚至还没出现，而梅赛德斯、宝马和奥迪则并不是主要的竞争参与者。可如今，雷克萨斯、梅赛德斯和宝马各占据了美国豪华车市场15%以上的份额，而奥迪则占据10%。凯迪拉克现在排名第五，仅占有8%份额。他们在20世纪八九十年代迷失了方向，再也没能恢复过来。

这对每家公司来说都应该是一个教训。凯迪拉克是一个标志性的品牌，自1902年以来便一直存在，在美国定义并占据豪车市场超过80年。但是一旦它变得自满，则永远失去了前沿优势。鉴于当今豪车市场的全球竞争力，其重回大势的可能性极小。

挪威邮轮公司

在第二章中，我还讨论了定价问题，并指出正是由于次优定价策略，导致许多公司损失了大量资金。我引用的一个例子涉及挪威加勒比邮轮公司，现简称挪威邮轮公司或NCL公司。

根据分析，我们提出在合理范围内船票价格并不会对旅客的需求量产生可衡量的影响。一位经济学家会说，每张船票售价在1 200～1 500美元，为期一周的加勒比海邮轮价格，完全没有弹性。一旦客户决定去加勒比海巡游，最终促使他们决定消费的因素，显然是船舶和行程，而不是价格。

因此我们建议NCL公司将价格提高到竞争范围的顶部。而在接下来的一年里，公司的需求量果然没有减少，收入反而增长了近15%。

就在今天，我上网研究了邮轮企业四大竞争对手各自的定价：NCL公司、嘉年华邮轮公司、皇家加勒比海邮轮公司和荷美邮轮公司。如果NCL公司没能坚持下去，公司的生存真会面临绝境。在接下来18个月的不同日期里，我搜索了西加勒比海7天游船的阳台舱价格。

虽然很可能有其他因素在起作用，但似乎NCL公司一直保持着积极的定价政策，如表3-15所示。

表3-15 现有邮轮公司价格表

公司 \ 日期	12/17	2/18	12/18
挪威邮轮公司	$999	$1 129	$899
荷美邮轮公司	$999	$999	
嘉年华公司	$899	$999	
皇家加勒比海公司	$759		$729

通用汽车公司

在第二章中，我们回顾了汽车行业复杂性的普遍成本。将1985年的雪佛兰蒙特卡罗车型作为测试样例，我们量化了一系列用以构建不同配置种类的复杂性成本。请参阅图3-10，由此产生的复杂性成本曲线最具启发意义：

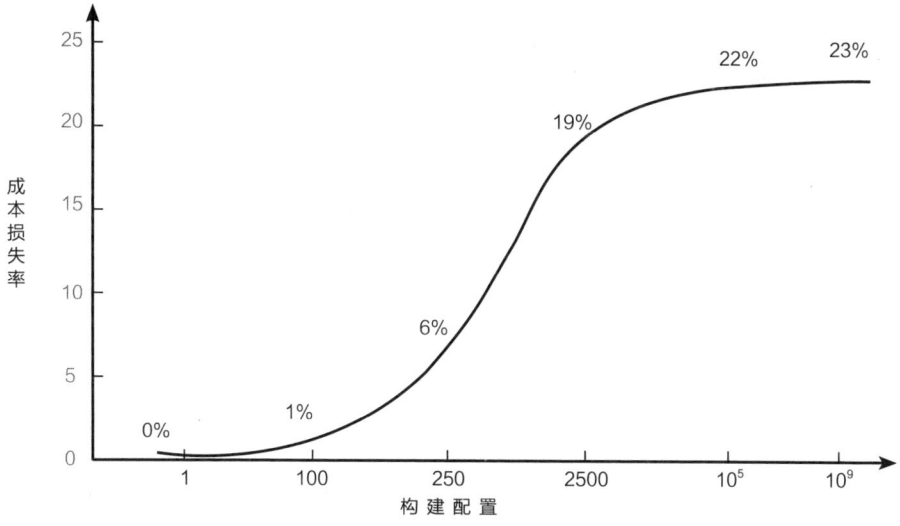

图3-10 蒙特卡罗的复杂性成本图

该分析首次表明,一辆典型的由通用公司生产的汽车,其复杂性成本占汽车总成本的23%,在那时为1 500~2 000美元。

我们为加拿大通用汽车公司的首席执行官乔治·皮博尔斯做了这项工作。但是他分部的所有产品供应,都由底特律的总经理控制,包括雪佛兰、奥兹莫比尔、别克、庞蒂亚克和凯迪拉克。唯一能理解我们这些调查结果并付诸行动的总经理,是别克的总经理埃德·默茨(Ed Mertz)。他推出了几项简化计划,在几年内大大减少了所有别克车型的构建配置。

就在今天,我上网查找了三种类似的汽车模型:一种来自雪佛兰,一种来自本田,另一种来自别克,以确定其如今的配置构建。而表3-16所显示的结果令人惊讶。

表3-16 当前配置构建

	雪佛兰 迈锐宝车型	本田 雅阁车型	别克 威朗车型
装饰等级	5	7	3
驱动机构	3	2	1
颜色	9	8	4
内部	4	3	3
外包装	3	0	5
选项	16	5	0
配置构建	25 920	1 680	180
最低制造商建议零售价	$22 555	$22 445	$21 065

雪佛兰在简化产品方面取得了很大进展,但它依然错过了良机。蒙特卡罗车型有10^9种可能的组装方式,但它还是于2007年停产,迈锐宝车型

价格则降至25 920美元。不幸的是，如果你看一下成本曲线，就会发现，在达到2 500种构建配置之前，复杂性成本并没有开始急剧下降。雪佛兰的制造成本，似乎仍然受到复杂性的显著驱动。而另一方面，本田增加了其交流模型的复杂性。1985年，雅阁系列只有240种构建配置，而现在有1 680种。相对来说，选择本田雅阁的消费者仍然有限，但本田似乎正朝着错误的方向发展。

现在再看看别克，埃德·默茨显然卓识远见、领导有方。作为雅阁和迈锐宝的直接竞争对手，别克威朗车型只有180种构建配置，只会产生1%~2%的复杂性成本消耗，而它竞争对手的复杂性成本消耗则占15%~20%。换句话说，别克选择在技术和质量上花钱，而不是试图在复杂性上下功夫。

我相信与两大竞争对手相比，别克约占1 500美元的价格优势，这主要取决于可用装饰水平、颜色及独立选项等方面。

以患者为中心的医院

我没能对莱克兰地区医疗中心进行后续调查。我确信杰克·斯蒂芬斯和他的管理团队已经退休很久了，也不记得20世纪90年代初期任何一位有望接任首席执行官的高管。

但我调查了印第安纳波利斯的圣文森特医院，它似乎继续发展为以患者为中心的医院。以下是其网站的两个摘录。

圣文森特外科中心

专业的临床团队、细致的护理与先进的技术相结合,

一系列成功的实践记录足以证明。

圣文森特妇女中心

致力于为女性提供全面且专业的最高水平医疗服务,

陪伴您生活的每一阶段。

2012年,圣文森特医院被命名为"跳蛙集团顶级医院"(Leapfrog Group Top Hospital)。"顶级医院"的称号代表着全美最具竞争力的国家医院质量奖,这是该名单上唯一一家印第安纳州的医院。获奖者有近1 200家医院,这些医院的公开报告上都有三个关键领域的表现:患者的后续情况;用于照顾病人的资源;保障安全与提高质量的管理实践。

在过去的6年里,我曾住院5次,体验了3种不同的设施,见证了以患者为中心的原则的使用证据与接受度。尽管医院并没有以此作为称呼,但都通过"护理搭档"来提供床边护理,而且所有人都声称签署协议并对例外情况进行记录。我还看到了一些运用中心型处理方式的证据。

去年冬天,我在佛罗里达州那不勒斯的一家医院做了肩部置换手术。冬季是佛罗里达州南部的繁忙时期,医院完完全全被病患占据了。下午3点左右,我在术后醒来,等了5个多小时才找到一张床。8点过后不久,我搬到了4楼整形外科的一个房间。我的注册护士做了自我介绍,又介绍她的技术（对，其实行的就是"护理搭档"制度），我请她帮我调整吊带。

"我对吊带没有多少经验。"她说，"这个单元组通常接受膝关节置换患者。"

"没关系。"我答道，"两年前我换了另一只肩膀，我可以告诉你如何调整它。"

"谢谢。"她说。

"所以，我是膝盖置换单元组？"我继续道。

"是的，"她回答道，"肩膀单元组位于这一层楼的另一端，但今晚病人完全把它占满了，所以把你带到了这里，别担心。你仍然会得到很好的照顾。"

我确实得到了不错的照顾，这似乎是以患者为中心的策略剧本中的一页，感觉既像是个操作中心，又像是经过交叉训练的"护理搭档"。而在我住院的一天里，大约只见了15张脸。

结　语

在本书中所阐述的12个教导点中，那些关注于吸引和培养人才，引起他们注意，并身先士卒引导他们的点可能是最重要的。一旦你没有做到这一点，后面章节中提到的机会自然永远不会成真。因此，我选择通过共享更多故事来结束本书，每个故事都针对本书先前提出的团队建设挑战之一。这些故事意在强调我的观察结果，以及针对如何成为一个高效的变革推动者而提出的建议，这也许会让你有所收获。

正如我在第一章中所描述的那样，成功的机构变革始于寻找和招募人才。1981年，当时我已在博思艾伦公司工作了两年。几乎每周都出差旅行，那时有一个普通的出租车司机，为我往返机场做提前安排。他的名字是提姆·邓恩（Tim Dunn）。我的两位同事鲍勃·豪（Bob Howe）和保罗·布兰斯塔德（Paul Branstad），也雇他进行机场接送，如果我们在大致相同的时间外出，提姆会建议我们二人或三人拼车。我们每个人都喜欢与提姆就各种主题进行交谈或辩论，无论是去机场还是在回来的途中。

我记得有一次，我们在讨论反直觉的发现时，提姆谈及了另一个话题。似乎在第二次世界大战期间，上级要求一名统计学家帮助英国皇家空

结 语

军,决定为轰炸机添加装甲的地点,以期降低被击落的风险。最终他建议他们,为不曾被损毁的地点添加更多的装甲。

提姆说,统计学家只统计了关于飞往英国的飞机的数据,所以他看到的弹孔位置,都是一架飞机被击中后仍能返还的部位。而那些被击落的飞机会在其他的部位中弹,因此他建议在幸存飞机未曾击中的部位增加装甲。

我在那之前从未有过像这样的谈话,之后也未曾再有。提姆是一个非常聪明、周到的出租车司机。

有一天我在办公室工作时,鲍勃·豪停下来和我说话。"我认为提姆是一个聪明人。"他这样说道。

"我也这样觉得。"我答道。

"他在凯斯西储大学获得英语文学学位,我认为他是以优异成绩毕业的。此外,他在谈话中的优秀表现出人意料。"

"我们雇用他吧。"鲍勃说,"保罗也同意提姆是他见过的最聪明的人之一。"

"我支持你。"我说。

鲍勃安排提姆来到办公室,并安排10名工作人员和合作伙伴与他交谈,大家一致决定雇用他。两周后,全职出租车司机提姆加入了博思艾伦公司,担任研究助理一职。提姆在公司工作5年了,而且我相信,他将继续在商业领域享有良好的职业生涯。人才会在不寻常的地方出现。

我在第一章第三节中探讨的关键点之一,就是要不时引起人们的注

意。1980年我加入了一个团队，该团队为位于伊利诺伊州的莫林的大型农业机械制造商迪尔公司，做一些非常先进的制造战略工作。虽然我们已经清楚解释了提案中所预想的必要工作，但许多制造业高管并不理解这项工作的早期制造计划工作会有多大的偏差。它必然涉及一些新的分析方法，而且向制造业的传统智慧发起挑战。

在工作开始大约6周后，我们决定与客户吉姆·拉德纳（Jim Lardner）进行一次会谈，报告进展。他是迪尔公司的制造和工程高级副总裁，管理着近20名高级员工。作为这项任务的项目经理，我负责起草报告，经负责人鲍勃·迈耶大幅修改后，最终确定下来。与此同时，我也负责将材料展示给客户。

在这个重要的日子里，我开始介绍迄今为止的工作成果。开始后不久，房间里的各位高管开始向我提问。

"这究竟是什么意思？""你为什么这样做？""我们雇你来不是做这个的！"

持续20分钟后，鲍勃·迈耶开口了。"吉姆。"鲍勃对拉德纳先生说道，"你们为这些东西付出很多钱。你为什么不闭上该死的嘴认真听？你很可能会学到点新东西！"

"你是对的，鲍勃。"吉姆答道。"闭嘴吧，伙计们。你可以继续了，库尔特。"

于是我继续演讲，到最后大多数观众都来了，也看到了我们的方法的价值。那天早上鲍勃·迈耶成了我的英雄，我甚至愿意追随他至世界尽

结 语

头。但其实他真正做的就是引起他们的注意。

我们为挪威加勒比邮轮公司做的定价分析，只是我们所做工作的要素之一。我们的大部分运营工作都是在船上进行的，因为那才是公司的产品，几乎所有的费用都在那里产生。

在我们获得任务的几天后，该团队开始了从迈阿密到拿骚为期3天的往返周末巡航，并开始熟悉加勒比海巡航。毫不奇怪，当官员和工作人员了解到我们的职权范围与存在时，他们都很谨慎。其中一部分警惕完全表现为对我们的威胁。

我们离开迈阿密的那晚10点左右，我独自一人走在外面甲板上。船上一名第二高级官员找我，他原来是总工程师。"你不就是那些管理顾问之一吗？"他问道。

"对，我就是。"我回答道。

"好吧，我希望你和你的团队都是强壮的游泳运动员。"他一边说着，一边越过栏杆指着大海。

"长官。"作为一名企业鞭策人，我这样答道，"如果这是一个真正的威胁，那么我建议你带些壮硕汉子，否则你可能会发现是自己想游到岸边。"

他没有说什么就走开了。

如果我没记错的话，当时我立刻去酒吧买了一瓶迪沃兑威士忌，抓起两个玻璃杯，就去了船长的宿舍，敲了敲门。"开门，船长！"我喊道。

船长拉斯·恩格布雷森（Lars Engebretsen）开了门，我走进了他的生活区。"我们必须谈一谈。"我说道，并把威士忌和两个杯子放在他的咖啡桌中间。

我给我们每人倒了一杯威士忌，他答道："好。"

接着我告诉他总工程师的话和我的反应。拉斯说不必担心那位官员，他只是嘴上说说，不会动手。就算真是这样，他也会把钱放在我身上。"那位长官可能会发现自己要游泳到迈阿密。"

然后我们讨论了公司所处的情况，以及可能增加收入或降低成本的方法。我们继续聊天喝酒，直到凌晨3点。后来发现在醉酒的时候，我们彼此分享了几个可能导致我们被解雇的故事，但也因此我们形成了相互信任的纽带。

拉斯成了我的好朋友与好客户。他帮助我们在船队的所有船舶上实施各种运营，改进已取得成功的项目。

在第一章第二节中，关于领导力的三个案例研究标题为：团结队伍；发展盟友；展示你自己。有时，就像那晚上我与拉斯一样，你可以同时完成这三项工作。

现在是结束这本书的时候了。如果您已经是一名变革推动者，我希望本书能为您提供一些处理工作的新思路和新方法。如果您正在考虑成为变革推动者，无论是作为管理顾问，作为领导变革计划的内部团队，还是作为团队一员，我都希望本书有助于您做出决策。

这份工作并不适合所有人。一方面，它很刺激，具有吸引力，利润丰厚。但它也可能是困难的，非常耗费精力，且令人感到沮丧。也许最好的总结是"感恩而死"乐队中的杰里·加西亚（Jerry Garcia）的话："有人必须做点什么来令人难以置信，而那些人必须是我们。"

致 谢

我的职业生涯,归功于众多给予我服务机会的客户,他们对我和我的同事们的信任,以及他们想解决困难和挑战性问题的意愿,这使他们成为特殊的人。我将怀着尊敬和钦佩铭记他们。

在为这些客户提供服务时,我有幸与业务中一些最聪明、最具才能的变革推动者合作。在奉献名单上,我列出了我最好的十几个合作伙伴,同时,我也很幸运地能与博思艾伦公司合作,并领导至少两位优秀的员工。他们完成了一些意义非凡的工作,就个人而言,他们是真正的变革推动者。

变革推动者的生活艰难而苛刻,他们必须做出许多牺牲。但他们的家人被迫做出的牺牲通常更多:我的妻子博尼塔和我的3个孩子卡特琳、安娜和约瑟夫都做出了重大牺牲,让我能够追求自己的梦想。工作占据了我很多时间,让我错过晚餐,也常缺席球赛和学校比赛,但这也使我能参与活动的时间变得更加特别。博尼塔是我的珍宝,3个孩子也都蓬勃成长,过着有趣的生活,所以我想这并没有给家庭带来太多伤害。

接下来,我要感谢那些帮助我完成本书的人。我才华横溢的编辑马特·夏普(Matt Sharpe),一位完美的专业人士,是他将手稿塑造成今天

的图书。在封面和绘图设计方面非常出色的斯图尔特·威廉姆斯（Stewart Williams）。罗希特·巴尔加瓦（Rohit Bhargava）和他的出版公司，则帮助我将这本书推向市场。罗希特已为传统的大房子出版模式开发了一个有趣的替代品，我很幸运能由他代理此书。

最后，我非常感谢一些朋友、前同事和前客户，他们审阅了该书的草稿，并提出了具有建设性的批评改进建议。他们是：塔吉特公司前总裁肯恩·伍德罗（Ken Woodrow），别克汽车部前总经理埃德·默茨（Ed Mertz），霍斯特·梅茨（Horst Metz），弗兰克·瓦拉萨诺（Frank Varasano），以及我在博思艾伦公司的合作伙伴加里·肖斯，我在博思艾伦公司的同事乔·费希尔（Joe Fisher）和费里·德·巴克（Ferry de Bakker），基德公司董事总经理兼高级运营合伙人托尼·卡斯托（Tony Castor），扬·罗必凯公司前首席财务官、现任印第安纳大学凯利商学院临床教授戴维·格林（Dave Greene），我的研究生室友、罗克韦尔公司前任金融副总裁吉姆·巴克曼（Jim Bachman），最近重新开始联系的高中朋友乔恩·阿尔斯波博士（Dr. Jon Alspaugh），还有我的女儿、也是位于丹佛的全球分销公司克雷登的现任变革推动者卡蒂·克劳斯（Katie Krauss）。

图书在版编目（CIP）数据

进化：30个案例详解组织变革 /（美）库尔特·克劳斯著；章天璇译. —北京：北京时代华文书局，2020.12

ISBN 978-7-5699-3867-8

Ⅰ.①进… Ⅱ.①库… ②章… Ⅲ.①企业管理—组织管理学 Ⅳ.① F272.9

中国版本图书馆 CIP 数据核字（2020）第 210971 号

First published in the United States in 2018 by Kurt Krauss , an imprint of Ideapress Publishing.
Copyright © 2018 by Kurt Krauss
Published by special arrangement with Ideapress Publishing in conjunction with their duly appointed agent 2 Seas literary Agency and co-agent CA-LINK International LLC.
Simplified Chinese translation rights © 2020 by Beijing Time-Chinese Publishing House Co., Ltd.
All rights reserved.
北京市版权局著作权合同登记号字：01-2018-5183

进化：30个案例详解组织变革
JINHUA 30 GE ANLI XIANGJIE ZUZHI BIANGE

著　　者｜［美］库尔特·克劳斯
译　　者｜章天璇

出 版 人｜陈　涛
责任编辑｜周　磊　邹　红
责任校对｜陈冬梅
装帧设计｜程　慧　迟　稳
责任印制｜訾　敬

出版发行｜北京时代华文书局 http://www.bjsdsj.com.cn
　　　　　北京市东城区安定门外大街 138 号皇城国际大厦 A 座 8 楼
　　　　　邮编：100011　电话：010 - 64267955　64267677

印　　刷｜三河市嘉科万达彩色印刷有限公司　0316-3156777
　　　　　（如发现印装质量问题，请与印刷厂联系调换）

开　　本｜710 mm×1000 mm　1/16　　印　张｜17　　字　数｜188千字
版　　次｜2021 年 1 月第 1 版　　　　　印　次｜2021 年 1 月第 1 次印刷
书　　号｜ISBN 978-7-5699-3867-8
定　　价｜58.00 元

版权所有，侵权必究